Anton Stangl

Lebenskraft

Der Mensch
zwischen
Spannung und Lösung
seiner
Lebensenergie

1. Auflage
© 2016 MHO Koch Radiästhesie
Alle Rechte vorbehalten
www.naturkristall.de

Umschlaggestaltung: Siegfried Koch

ISBN 9783842344181

Herstellung und Verlag: BoD – Books on Demand,
Norderstedt

**Bibliografische Information der Deutschen National-
bibliothek**
Die Deutsche Nationalbibliothek verzeichnet diese Publikation
in der deutschen Nationalbibliografie; detaillierte bibliografische Daten sind im Internet über www.dnb.de abrufbar.

Inhaltsverzeichnis

Vorwort

Liebe Leserinnen und Leser,

meine Frau Marie-Luise und ich gehörten in der zweiten Hälfte des vergangenen Jahrhunderts zu den Pionieren der „Esoterikszene". Viele Jahrzehnte wurden die von uns geschriebenen Bücher über renommierte Verlage vertrieben. In der Flut der sich inzwischen auf Esoterikmarkt befindlichen Bücher treten unsere Schriften nun langsam in den Hintergrund und verschwinden vom Markt. Sie sind zum Großteil nur noch antiquarisch, oftmals zu übertrieben hohen Preisen, zu bekommen. Die in den Büchern enthaltenen Themen verlieren jedoch nicht an Wichtigkeit und sollten für zukünftig Interessierte nicht verloren gehen.

Susanne und Michael Koch haben sich bereit erklärt, meine Bücher nach und nach über moderne Herstellungs- und Vertriebsmöglichkeiten weiterhin interessierten Lesern als Print-Version über den Buchhandel zugänglich zu machen. Mich verbindet mit dem Ehepaar Koch die jahrelange Zusammenarbeit auf radiästhetischem, energetischem und heilerischem Gebiet. Über die von mir erfundene Energiespirale habe ich 2013 mit ihnen zusammen das Buch mit dem Titel: »Heilen mit kosmischer Energie - die Anwendung der Energiespirale«, geschrieben.

Foto: Susanne Koch, Dr. Anton Stangl (1917-2014),
Michael Koch

Das Ehepaar Koch betreibt die Firma MHO Koch
Radiästhesie. Sie stellen die Energiespirale her und ver-
treiben radiästhetische Instrumente. Die von ihnen
regelmäßig veranstalteten Pendel- und Rutenkurse,
sowie Heilungskurse sind inzwischen bundesweit
bekannt. Weitere Informationen finden Sie auf der
Webseite Naturkristall.de

So freue ich mich, daß nun dieses Buch, »Lebenskraft - der Mensch zwischen Lösung und Spannung
seiner Lebensenergie« in Ihren Händen liegt.

Es ist mir außerordentlich wichtig, daß diese pro-
funde und meist unterschätzte Thematik auch weiterhin den Weg zum Leser findet.

Es ist kein neues Werk - es ist der Kern, des in den 80er Jahren des letzten Jahrhunderts erschienen Buches »Lebenskraft - Im Einklang mit sich selbst durch Eutonie und Zen«. Zwei von den drei Teilen des damaligen Buches, (Eutonie und Zen) sind meiner Ansicht nach, durch die Flut diesbezüglicher Publikationen, überholt. Deshalb sind sie nicht mehr Bestandteil dieses Buches, was sich im Untertitel widerspiegelt. Die aufschlussreichen Betrachtungen dieses Buches werden Sie unterstützen »Ihre« Methode zu finden und sinnvoll zu praktizieren.

Der Leser möge verzeihen, daß der Text in der alten deutschen Rechtschreibung belassen wurde, so wie das ursprüngliche Werk von mir geschrieben wurde. Dies geschah, um die Authentizität des Textes zu erhalten.

Ich hoffe, daß Ihnen und all den anderen Leserinnen und Lesern des 21. Jahrhunderts meine Ausführungen eine fruchtbare Lektüre sein werden.

Dr. Anton Stangl

Dr. Anton Stangl entwickelte die von MHO Koch weiterentwickelte Energiespirale, mit der sich die Lebensenergie erfolgreich anheben lässt. Wie so etwas möglich ist, wird in den beiden Büchern »Urschöpfungskraft« sowie »Heilen mit kosmischer Energie« beschrieben. Das Entfernen feinstofflicher Blockaden und die Herstellung von Heilwässern und Heilsalben sind nur Facetten der unglaublich vielfältigen Möglichkeiten dieses Gerätes. Mittlerweile haben wir Hunderte von Erfahrungsberichten und Meldungen von Hei-

lungen, die wie Wunder anmuten. Sollte es Dr. Stangl gelungen sein, den ultimativen Weg zur Heilung zu finden? Die Energiespirale ist ein Weg - ein Fingerzeig auf das, was möglich ist, *wenn wir es zulassen.*

Hier sehen Sie ein Foto von Dr. Anton Stangls erster Energiespirale.

MHO Koch baut seit Jahren die original Energiespirale nach Dr. Anton Stangl.

Webseite: www.naturkristall.de
Email: info@naturkristall.de
Telefon: 06207-2033510
Mobil: 0171-3441065

Einführung

Die Welt, in der wir heute leben, verlangt von uns ständig, alle unsere Kräfte auf die Auseinandersetzung mit dieser Welt und ihren Problemen zu konzentrieren. Besonders die Überforderung der Menschen in leitenden und in verantwortlichen Positionen ist sprichwörtlich. Ob es um Selbstbehauptung und Selbstdurchsetzung in politischer, in wirtschaftlicher oder in gesellschaftlich-sozialer Hinsicht geht, was macht das schon für einen Unterschied? Leistungsdruck und Leistungsstreben, Tempo, Lärm, Unruhe kennzeichnen das heutige Leben. Die unausbleiblichen Folgen sind Überkonzentration mit ihrer Verspannung und Überspanntheit. Das ist der eine Aspekt von größter Bedeutung.

Der Zweite liegt in der inneren Leere und Hilflosigkeit des Einzelnen: Was soll das Ganze, welcher Sinn steckt dahinter, wo steht der Mensch in dieser »überdrehten« Welt? So fragen sich mehr und mehr, und es sind nicht gerade die oberflächlich Empfindenden. Verschärft wird der Prozeß durch die Auflösung der alten Wertordnungen: Kaiser, König und Vaterland - wer setzte dafür noch sein Leben ein? -, Gott und die Religion; sie sind weitgehend zu immer inhaltsärmerer Organisationsform degradiert, die gefüllten Kirchen gehören der Geschichte an. Selbst die Familie ist im Zeichen der individualistischen Kleinfamilie für viele nur noch eine äußere Bindung, die sich leicht vollends abwerfen läßt. Was bleibt? Leere und Unausgefülltheit.

Und ein dritter, gern übersehener Gesichtspunkt: der Leistungsdruck, das einseitige Nach-außen-Lenken der Kraft, die Materialisierung der Welt und der menschlichen Beziehungen, die Anonymität des gesellschaftlichen Lebens, das Spezialistentum mit seinem Denken in ausschnitthaften Teilbereichen - alles das führt zu einer gefährlichen Bewußtseinsverengung.

Sie muß ihrerseits das zersetzende Gefühl der Leere und Sinnlosigkeit weiter stärken. Denn das, was das Leben am Ende lebenswert macht: Die Gefühlskräfte, die auf Glück, auf Befriedigung und Ausgefülltsein hinwirken, bleiben außer Betracht. In der verengten Persönlichkeit ist kein Platz für sie. Sie werden zum Störfaktor. Sie müssen unterdrückt werden. Und dagegen - revoltieren sie.

Eine Seite dieses Protestes ist die Besinnung auf sich selbst. Der Mensch will wieder in den Mittelpunkt treten, wo er hingehört, und nicht die Randfigur der sinnlos gewordenen Maschinerie des sogenannten modernen Lebens sein. Dazu braucht er als Erstes ein wirklichkeitsgetreues Menschenbild, das ihm die überkommenen Wertordnungen der Welt von gestern nicht mehr bieten können.

Er will sich selbst erfahren, als geistig selbständiges und aktives Wesen, ohne Gängelung durch irgendeinen »...ismus«. Er will sein Bewußtsein, seine Persönlichkeit in eben diesem Sinn erweitern. Dieser Drang hat alle Bevölkerungsschichten erfaßt.

Kein Wunder, daß heute so viele Menschen, besonders junge und im Herzen jung gebliebene, diesen Weg nach innen suchen. Wenn wir in der heutigen Welt beim rapiden Fortschritt in Wissenschaft und Technik mit seinem Segen und seinem Fluch nicht einem Chaos entgegengehen wollen, dann müssen wir uns in eben diesem Sinn weiterentwickeln. Wie der weithin bekannte israelische Wissenschaftler Feldenkrais so treffend sagt: Das Innesein wird ein neues Zeitalter in der Evolution des Menschen bewirken. Nicht umsonst hört man seit einiger Zeit immer mehr das Wort der Bewußtseinserweiterung. Immer steht im Hintergrund das bewußte oder unbewußte Suchen nach Ruhe, nach Sammlung, nach innerer Geborgenheit.

Nach Befreiung von Überforderung und Überspanntheit. Man will von Grund auf geheilt werden von den Übeln unserer Zeit, die mit steigender Gewöhnung an die materiellen Segnungen immer drückender werden.

Damit sind wir beim unmittelbaren Zweck dieses Buches. Es will dem einzelnen Menschen, ausgehend von seiner Gesamtpersönlichkeit, erkennen helfen, wo er persönlich im Rahmen der naturgegebenen Spannungsskala steht. Wenn er das zunächst vielleicht nur in groben Umrissen, aber doch prinzipiell eindeutig erkennt, ist schon etwas Wesentliches erreicht.

Zu diesem Zweck wird die untrügliche Richtschnur einer Spannungslehre erarbeitet, die vom Wesen des Menschen ausgeht. Sie ist Jahrtausende altes asiatisches Geistesgut und in ihrem Grundansatz geradezu verblüffend einfach. Wer das Leben und die Menschen von diesem Ansatz her betrachtet, dem mag es wie dem Verfasser dieses Buches gehen: Es fallen einem die Schuppen von den Augen. Von verschiedensten Seiten her werden uns heute vielerlei »Ent«-spannungstechniken angeboten. Wer sollte sich da noch zurechtfinden und die für seinen persönlichen Fall gerade bestgeeignete Methode erkennen? Jede ist für irgendwelche Menschen gut und hat da ihre Befürworter und begeisterten Anhänger. Und zugleich kann sie für andere wieder denkbar ungünstig, ja ausgesprochen schlecht sein. Das Erfassen dieser prinzipiellen Spannungslehre befreit uns aus dieser Schwierigkeit und Hilflosigkeit. Denn der individuelle Spannungszustand gibt uns das Kriterium ab, diese persönlichkeitsbildenden Techniken verschiedenster Art mit sicherem Blick für den Einzelfall in ihrem Wert und Unwert zu erfassen.

Auch wenn alle Darlegungen dieses Buches vorwiegend unter dem psychologischen Aspekt stehen, so führen sie in den Konsequenzen häufig zur echten Suche nach dem Lebenssinn und zu vertiefter Lebensbetrachtung. Schon ein kleiner Schritt vorwärts kann da viel bedeuten.

Die Ausführungen des vorliegenden Buches werden die Grundlagen dafür sein, mittels derer Sie eine für Sie passende praxisorientierte Technik, derer es so mannigfaltig viele gibt, wählen können. Es ist wichtig, sich zuerst diese Voraussetzungen für die Beurteilung der Arbeit an sich selbst zu schaffen. Sie liegen in der menschlichen Natur begründet. Gerade weil es an diesem vermeintlich nur theoretischen Rüstzeug vielfach fehlt, können sich manche Techniken verbreiten, die manchem auf lange Sicht gesehen mehr schaden als nützen. Das wird der kritische Leser bei der Lektüre dieses Buches rasch selber feststellen. Die Weiterentwicklung der Persönlichkeit kann und darf nicht auf einer zweifelhaften Grundlage aufgebaut sein.

Ich habe rund zehn Jahre gebraucht, bis ich mich von den ersten Überlegungen her entschlossen habe, dieses Buch zu schreiben. Bis ich mir subjektiv absolut sicher war, in der grundsätzlichen Spannungslehre den richtigen Angelpunkt vor mir zu haben, und bis ich dies in vielen Hunderten von Einzelfällen bestätigt fand. Ich bin aber weit davon entfernt, aus dieser Lehre ein Dogma machen zu wollen. Der kritische Leser ist aufgerufen, das, was in diesem Buch steht, in seinem Alltag zu beobachten, mitzuerleben und nachzuprüfen, um sich sein eigenes Urteil zu bilden. Nur durch eigenes Fühlen und durch selbständiges Denken kann man für sich selbst den richtigen Weg finden. Ich hoffe, daß dieser knappe Überblick über die für uns alle so wesentliche Problematik mithilft, die geradezu erschreckende Begrenztheit unserer einseitig naturwissenschaftlich orientierten Lebensbetrachtung aufzubrechen. Wenn ich dazu nur einen bescheidenen Beitrag leisten darf, dann ist schon viel erreicht.

Das Prinzip von Spannung und Lösung der Lebenskraft

»Im Krieg ist alles einfach.
Aber das Einfache ist oft äußerst schwierig.«
(Clausewitz)

Frei übersetzt:

»Im Leben ist alles einfach. Aber die einfachen Zusammen-
hänge zu sehen, ist das Schwierige.«

1. Der rhythmische Wechsel beherrscht unsere Welt

Haben Sie sich schon einmal Gedanken gemacht über die eigenartige Gegensätzlichkeit, die uns in dieser Welt und in diesem Leben auf Schritt und Tritt begegnet? Allüberall treffen wir an:

- Oben und Unten
- Rechts und Links
- Vorn und Hinten
- Auf und Ab
- Innen und Außen
- Licht und Dunkelheit
- Tag und Nacht
- Sommer und Winter
- Sonnenauf- und -untergang
- Vollmond und Neumond

- Hitze und Kälte
- Steigen und Fallen
- Stärke und Schwäche
- Flut und Ebbe
- Plus und Minus
- Vorteil und Nachteil
- Vorder- und Rückseite
- Kommen und Gehen
- Werden und Vergehen
- Anfang und Ende

Überall begegnet uns dieser Wechsel, der sich ständig in rhythmischer Folge vollzieht; nicht in maschinenhaft exakter Form, sondern mit den Schwankungen der Wiederkehr, die in der Natur alles kennzeichnet, was sich im Fluß und in der Bewegung befindet.

Alles auf dieser Welt ist relativ. Nichts ist absolut oder endgültig. Alles hat seine zwei Seiten. Das eine ist immer das Gegenstück zum anderen; sein Gegenspieler; sein Auslöscher und zugleich sein Wiedererwecker. Das eine ist ohne das andere nicht möglich. Und das Ganze umschließt immer beide Seiten. Man darf sich getrost des dialektischen Prinzips von Hegel erinnern, wonach erst die These und ihre Antithese zur Synthese führen können und wonach sich die Entwicklung in Gegensätzen vollzieht. Das Ganze trägt immer den Gegensatz in sich und ist doch vollendet.

Diesem geradezu erregenden rhythmischen Wechsel sind wir unentrinnbar preisgegeben. Es künden von ihm über die genannten Gegebenheiten hinaus:

- Erde und Himmel
- Feuer und Wasser
- Sonne und Mond
- Leben und Tod
- Mann und Frau

- gut und schlecht
- schön und häßlich
- nützlich und schädlich
- Zuneigung und Abneigung
- Bejahung und Verneinung

Diesen Dualismus, dieses Prinzip der Polarität finden wir überall in dieser Welt, wenn wir unseren Blick dafür erst ein wenig geschärft haben. Ja man könnte sagen: Das ist das einzig Beständige in unserer unbeständigen Welt. Immer treffen wir diese zwei

Faktoren oder Wirkungsrichtungen, diese zwei Seiten ein und derselben Kraft, die die Welt bewegt.

Das haben schon vor weit über viertausend Jahren asiatische Denker erfaßt. Sie nannten die beiden Seiten oder Kräfte Yang und Yin und das überwölbende ganze Tao.

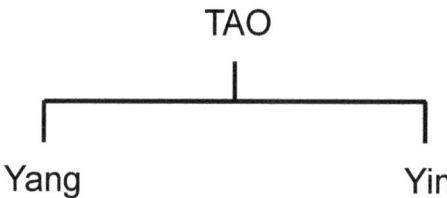

2. Speziell die Polarität der Lebenskraft

Alles das wird besonders deutlich, wenn wir das Leben in unserer Welt betrachten. Es wird ganz beherrscht von diesem rhythmischen Wechsel. Ohne ihn wäre das Leben so, wie wir es kennen, nicht möglich. Denken Sie bitte an das periodisch-rhythmische Sichablösen gegensätzlicher Wirkungskräfte, wie es sich von Anbeginn Tag für Tag immer wieder von neuem vollzieht:

- Aufbau und Abbau
- Frische und Müdigkeit
- Wachsein und Schlaf
- Tätigkeit und Ruhe
- Hunger und Sättigung

- Durst und Trinkunlust
- Wachsen und Welken
- Liebe und Haß
- Leben und Sterben
- Geburt und Tod

Das rhythmische Auf und Ab und Ab und Auf sehen wir in der unbelebten Welt wie in den Wellen des Meeres und der Dünen. In der belebten Welt begegnet es uns in den Getreidefeldern und Wäldern, die sich unter dem Wind biegen. Bei den Pflanzen in dem periodisch sich wiederholenden Heben und Senken der Blätter im Tagesverlauf. Im Flügelschlag der Vögel, in der Fortbewegung des schwimmenden Fisches, in den Bewegungen von Tier und Mensch. Zugrunde liegt immer das wechselweise periodische Anspannen und Entspannen der Muskeln, ohne die es keine Bewegung von Lebewesen, ja überhaupt kein höheres Leben gäbe.

Gerade der Muskel zeigt uns in vollendeter Form diesen im Kern so einfachen Zusammenhang. Wird er innerviert, also durch Nervenstrom in Tätigkeit versetzt, dann zieht er sich zusammen: Er wird gespannt. Die in ihm schlummernde Kraft wird gebunden, sie wird eingesetzt. Dieser Phase der Spannung folgt unweigerlich die Phase der Entspannung: Der Muskel dehnt sich wieder aus, er tritt in seine Ruheposition zurück. Die Kontraktion und die in ihr gebunden gewesene Kraft wird gelöst.

Dies ist das Schema von Spannung und Lösung. Die bewundernswerte freie Beweglichkeit der hochentwickelten erdgebundenen Wirbeltiere und vor allem des Menschen wird erst durch das ständig sich wiederholende Wechselspiel der Anspannung und Entspannung von Muskeln, z.B. eines Beugemuskels (Agonist) mit der Entspannung und Anspannung seines Gegenspielers, z. B. des zugehörigen Streckmuskels (Antagonist) ermöglicht.

Was für die Muskulatur ganz allgemein gilt, das gilt natürlich auch für den wichtigsten unserer Hunderte von Muskeln: für unser Herz. Es zieht sich mit größter Regelmäßigkeit zusammen und erschlafft anschließend wieder. Das heißt, es dehnt sich als Hohlmuskel wieder zu seinem natürlichen Ruhevolumen aus. Die Bewegungen der kräftigen Herzkammerwände fühlen und hören wir als unseren rhythmisch pulsierenden Herzschlag: wenn wir etwa ruhig im Bett liegen und den Kopf auf ein Ohr gelegt haben. Dann können wir die lebendige Wirksamkeit des soeben beschriebenen Schemas des unaufhörlichen Wechselspiels von Spannung und Lösung dieses zentralen Muskels und der uns belebenden Energie voll miterleben. Solange, bis mit dem Ende seines rhythmischen Pulsierens eines Tages auch unser Leben erloschen sein wird.

Was uns im Besonderen der Muskel - dieses wesentliche Element des höher entwickelten Lebens - in dieser vollendeten Klarheit zeigt, das gilt ganz allgemein für jegliche Lebenserscheinung in unserer Welt.

Denken Sie bitte nur an die Polarität, in der sich die Lebenskraft, die vitale Energie in uns kundtut:

- das Füllen und Leeren der Lunge mit dem Ein- und Ausatmen
- die Tagesschwankungen in der Länge des Körpers
- die Tagesschwankungen im Körpergewicht
- der weibliche Zyklus mit dem Reifen und Abstoßen eines Eis
- das Gefühl der Kraft und das Gefühl von
- Schwäche
- An-sich-Halten und Sich-irgendwie-Gehenlassen
- Selbstbehauptung und Selbsthingebung
- Habenwollen und Verschenken
- eher statisch-haftende und fliehend-schweifende Gedanken

24

- klar bewußtes Denken und sich dem Unbewußten überlassen
- expansive Gehobenheit und beschauliche Selbstbesinnung
- Heiterkeit und Freude gegenüber Schwermut und Trauer

In einem weiteren Sinn dürfen wir das bipolare Wirken der Lebenskraft getrost in Gegensatzpaaren erkennen, die uns allen geläufig sind, wie z. B.:

- Kommen und Gehen
- Steigen und Fallen
- Sich nähern und Sich entfernen
- Sich finden und Sich trennen
- Aufnehmen und Von-sich-Geben

- Aktivität und Passivität
- Freund- und Feinderlebnis
- Leichtigkeits- und Schwierigkeitsphasen
- Gesundheit und Krankheit
- Erfolg und Mißerfolg

Bewußt sei es hier wiederholt: Es ist ein geradezu erregender rhythmischer Wechsel, dem wir unentrinnbar anheimgegeben sind. Er macht in der Tat den Kern des Lebendigen aus. Das Leben wird geweckt und geboren, es wird erhalten und es geht unter, um immer wieder von neuem zu erstehen und zu vergehen. Alles strebt in unserer Welt der Gegensätze vom Anfang her seinem Ende zu und findet seine Bestätigung in ihm. Und in der Aufhebung liegt zugleich der Neubeginn. Das Wechselspiel von Kraft und Gegenkraft, vom Wachsen und vom Erlöschen, ist es, was unsere Welt beherrscht. Unsere persönliche Lebenskraft macht keine Ausnahme. Das Prinzip oder das Gesetz, das sich in diesem ewigen Dualismus äußert, steht über ihr.

3. Das Prinzip von Spannung und Lösung unserer Lebenskraft

Diese Jahrtausende alte asiatische Lehre ist im Kern denkbar einfach. Sie erscheint uns westlichen Menschen anfänglich kompliziert, und wir können uns zunächst nur schwer mit ihr befreunden. Wahrscheinlich, weil sie unserem stets auf das Abstrahieren hin trainierten Verstand zu simpel vorkommt.

Hier nochmals der Kern dieser Betrachtungsweise: Das gesamte Universum ist gekennzeichnet durch die kosmische Harmonie. Sie beruht auf dem Gleichgewicht, das sich durch die polare Gegensätzlichkeit, durch die ständige Wechselwirkung zweier antagonistischer Wirkungsfaktoren oder Kräfte ein und derselben Grundenergie aufbaut: Yang und Yin. Oder: Spannung und Lösung. Sie erschaffen, zerstören und erschaffen von neuem alles, was es auf dieser Welt gibt. Wie überall, so kehren sie auch im Menschen wieder. Sie bestimmen in ihrem fortwährenden Wechselspiel Wesensart und Schicksal des Einzelnen. Glücklich, leistungsfähig und gesund kann nur der sein, in dem sich diese beiden Faktoren im harmonischen Ausgleich befinden. Nur in ihrem Gleichgewicht kann auch der Mensch im Gleichgewicht sein. Mit der Störung ihres Gleichgewichts ist auch der Mensch gestört.

Der größte Meister dieser Lehre war Lao-Tse vor zweitausendfünfhundert Jahren. Prinzipiell ist sie monistisch, denn sie geht von der einzigen Kraft aus, die alles bewirkt, jedoch in der immerwährenden Gegensätzlichkeit von zwei Polen. Man kann auch vom einzigen Prinzip der Dialektik sprechen, wobei sich Yin und Yang als These und Antithese zur einheitlichen Ganzheit verbinden. Yang kann man als Zentripetalkraft und Yin als Zentrifugalkraft bezeichnen.

Unsere deutschen Begriffe der Spannung (oder Bindung) und Lösung (oder Entspannung) der Kraft geben aber für unser Sprachgefühl das Wesentliche im Allgemeinen viel treffender wieder. Deshalb gebrauchen wir sie hier in erster Linie.

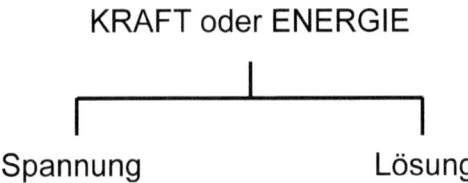

Es stehen einander also zwei Wirkungsfaktoren polar gegenüber, die jedoch nichts anderes sind als die zwei Seiten oder Erscheinungsformen der gleichen alles bewegenden Kraft oder Energie. Immer ist es die Spannung dieser Kraft oder ihre Lösung. Jede Spannung verlangt nach Lösung. Und jede Lösung strebt auf die Spannung zu. Je nach der Ablaufphase ihrer Wirksamkeit und je nach der persönlichen Entwicklung und jeweiligen Zuständlichkeit des einzelnen Menschen steht die eine oder die andere Seite gerade im Vordergrund.

Sind Spannung und Lösung im Gleichgewicht, dann haben wir den Idealzustand des Spannungsausgleichs. Wir sagen dann: Die Kräfte sind im Ausgleich. Beim Menschen: Er ist im Gleichgewicht, er ist »im Lot«. Und dann ist für uns alles in der Ordnung.

LEBENSKRAFT

Spannung → Spannungsausgleich ← Lösung
(Yang)   (Sattwa)   (Yin)

Nach dem Gesetz der Ambivalenz (Doppelwertigkeit) aller psychologischen Grundgegebenheiten muß jede dieser zwei Erscheinungsformen der vitalen Energie ihre positive und ihre negative Seite haben. Wobei sich die negative aus der Übersteigerung der positiven herleitet (»Allzuviel ist ungesund«)- Daraus ergibt sich die Übersicht, die viel klären kann:

SPANNUNGSZUSTAND DER LEBENSKRAFT

Spannung i.w.S. (Yang)			Lösung i.w.S. (Yin)
-	+	+	-
Überspannung	Spannung	Lösung	Auflösung

Spannungsausgleich (Sattwa)

Es stehen einander also gegenüber: Spannung und Lösung (Yang und Yin) sowie ihre Übersteigerungen: Überspanntheit und Auflösung oder Zerlösung (Überyang und Überyin). Der Spannungsausgleich (Sattwa) wird jetzt treffender nicht mehr zwischen Spannung und Lösung angeordnet, wie auf der knapperen Übersicht zuvor, sondern so, daß er Spannung und Lösung einschließt. Denn ein wirkliches Gleichgewicht kann nur da vorliegen, wo die positiven Kräfte der Spannung und der Lösung vorhanden sind und sich in ständigem rhythmischen Wechsel in etwa die Waage halten. Ein Ausgleich ist von vornherein unmöglich, wenn die eine Seite entsprechend stärker ausgebildet ist als die andere. Die positive Spannung und die positive Lösung bedingen einander.

Im Prinzip ist das einfach und völlig klar. In der Praxis des Lebens mit seinen tausend Erscheinungsformen ist es jedoch nicht immer leicht, dieses im Kern so einfache Prinzip in seiner Wirksamkeit zu erkennen. Auch wenn jede Spannung grundsätzlich nach Entspannung, jede Gespanntheit nach ihrer Lösung verlangt, so gibt es doch alle denkbaren Zwischenzustände und Übergangsphasen, die unseren Blick trüben. Außerdem ist das Leben in immerwährendem Fluß und jeder Mensch bei seinen ständig wechselnden Eindrücken und deren Verarbeitung fortlaufend Spannungsschwankungen unterworfen. Sie nehmen uns gefangen und prägen unsere Stimmung. Sie lassen uns wohl oder unwohl, glücklich oder unglücklich fühlen. Und sie bestimmen in beachtlichem Maß, was wir denken und tun. Kein Wunder also, wenn unser Blick für das Erkennen dieses fundamentalen Grundgesetzes verstellt ist.

Der Begriff der Lösung kann leicht mißverstanden werden. Bei der Betrachtung des Muskels hatten wir darauf hingewiesen, daß der Phase der Spannung unweigerlich die Lösung der vorher gespannten Kraft folgt. Es wäre nun ein Irrtum anzunehmen, daß jetzt keine Kraft mehr da wäre. Auch im Zustand der Lösung ist die Kraft latent vorhanden, sie ist nur nicht zu einer aktuellen Kraftleistung mobilisiert, also gespannt. Aber sie ist da!

Während die körperliche Energie eines einzelnen Muskels naturgemäß im Augenblick immer nur gespannt oder gelöst sein (oder sich allenfalls in einem

Zwischenstadium befinden) kann, ist die seelische oder die seelisch-geistige Energie eines Menschen diesem Entweder-oder in dieser Form nicht unterworfen. Sie ist ständig vorhanden, und zwar in dem Tonus (Spannungszustand), der für den betreffenden Menschen charakteristisch ist. Haben wir es z.B. mit jemandem zu tun, der seelisch-geistig über das durchschnittliche Maß hinaus gespannt ist, dann sprechen wir von einem gespannten, vielleicht schon von einem verspannten Menschen. Seine Körpermuskulatur wird es dann übrigens auch sein müssen und es dem Kundigen sofort anzeigen. Im gegenteiligen Fall sprechen wir von einer gelösten, vielleicht schon übermäßig gelösten, also schlaffen oder schlappen Natur.Für den vorliegenden Zusammenhang ist die Erkenntnis wichtig: Der Begriff der Lösung bedeutet nicht ein Nichts oder die Abwesenheit, das Nichtvorhandensein einer Kraft. Lösung bedeutet den Lösungszustand der Kraft oder die gelöste Kraft. Eben im Gegensatz zur gebundenen oder gespannten Kraft, wie sie im Zustand der Spannung vorliegt. Nicht umsonst unterscheiden wir schon in der Umgangssprache den gespannten Menschen vom gelösten. Und wir wissen alle, daß der gelöste Mensch sehr viel Kraft haben kann. Sie wird eben nur in frei gelöster Form eingesetzt.

Lebenskraft und das Verhältnis Spannung: Lösung sind also scharf auseinanderzuhalten. Oft wird Spannung gleichgesetzt mit vitalstark oder energiegeladen und Lösung mit vitalschwach oder energielos. Das muß dann zu völlig verfehlten Folgerungen und Urteilen führen. Das Verhältnis Spannung: Lösung kennzeichnet lediglich die Spannungszuständlichkeit der vorhandenen Kraft. Wieviel davon zur Verfügung steht - also ob diese Antriebskraft oder Energie oder Vitalität stark oder schwach ist -, ist eine andere Frage. Für jede individuelle Beurteilung ist die Beantwortung der Frage: Wieviel Vitalkraft ist überhaupt da? von der größten Bedeutung.

Was ist es nun eigentlich, was die sonst gelöste Kraft bindet oder spannt?

Die Kraft, die Lebens- oder Vitalkraft, also die Summe der individuell vorhandenen Gefühlsantriebe oder die Energie, ist in der animalischen Grundschicht des Menschen in Gestalt seiner ursprünglichen Antriebskräfte zutiefst verankert. Man hat viel oder man hat wenig davon. Jeder hat sein persönliches Maß an Lebenskraft. Sie kann gebunden oder gespannt werden immer nur durch den Geist, die Ratio, den Willen, durch den geistigen Oberbau des Menschen, in welche Begriffe wir das immer fassen. Je gespannter ein Mensch, um so stärker sind seine körperlichen und seelischen Triebantriebe diesem rationalen Oberbau untergeordnet und von ihm beherrscht. Und umgekehrt: Je gelöster ein Mensch, desto mehr wird er unmittelbar beherrscht von seinen leiblichen Trieben und seinen Gefühlsantrieben, denen sich die geistigen Forderungen mehr oder minder unterordnen müssen. Es kommt dann neben seiner Instinktsicherheit ganz auf die Interessenlage und die Motivation des Einzelnen an, ob er ein Spielball seiner Gefühlsantriebe wird oder ob er seine Kraft in Richtung durchaus positiv zu beurteilender Ziele einsetzt. Das Verhältnis von Spannung und Lösung der Kraft gibt also Kunde von der Stärke der rationalen oder der Willensvorherrschaft eines Menschen über seine emotionalen Antriebskräfte.

In diesem Sinn hat übrigens der Philosoph und Ausdruckspsychologe Ludwig Klages (1872—1956) in unserem Kulturkreis den tiefen Sinn und die weittragende Bedeutung von Lösung und Bindung (= Spannung) der Antriebskräfte für die Erfassung und Beurteilung der menschlichen Individualität erkannt. Er ist dabei offensichtlich von der alten asiatischen Lehre von Yin und Yang nicht ausgegangen. Seine Charakterologie und seine Ausdruckspsychologie haben dadurch einen für die Praxis außerordentlich wichtigen Ansatzpunkt bekommen. Er hat sich in ungezählten Anwendungsfällen hervorragend bewährt. Für den Fachmann ist es geradezu faszinierend, den gleichen Kern dieser beiden grundlegenden Betrachtungsweisen zu sehen, die von so verschiedenen Gesichtspunkten ausgehen.

Spannung und Lösung dürfen nicht absolut gesehen werden, sondern nur relativ. Das heißt in Beziehung zu etwas. So ist das Leben Spannung im Verhältnis zum Tod, und der Tod ist Lösung im Verhältnis zum Leben. Der menschliche Rumpf kann im Rahmen des gesamten Körpers Lösung sein, in sich gesehen der Rückenteil aber Spannung und der Bauchteil Lösung. Die beiden gegensätzlichen Wirkungsfaktoren der Spannung und der Lösung können jeder für sich zum gleichen äußeren Ergebnis führen, z. B. der Zerrüttung der Gesundheit. Vor allem dann, wenn sie im Übermaß wirksam werden. Dabei darf nicht übersehen werden, daß sich in jedem Spannungszustand mindestens ein Rest des gegensätzlichen findet. So hat der in der Zerlösung seiner Persönlichkeit befindliche Mensch noch immer irgendwelche Spannung in sich. Und umgekehrt ist der Überspannte irgendwo noch gelöst. Sonst wären beide ja gar nicht mehr lebensfähig.

Ein treffendes Beispiel geben Mann und Frau ab. In ihrem Verhältnis zueinander sind sie - als Typen gesehen - Spannung und Lösung. Sie ergänzen sich wechselseitig biologisch und seelisch und bilden erst zusammen das Ganze: »den Menschen«. Die Asiaten sehen in der Frau gleichsam das Ur-Yin als den vergleichsweise mütterlichen und noch ungeformten Urgrund alles Lebens. Durch Yang, das vergleichsweise männliche Prinzip des Durchformens und der Ordnung, erwächst daraus unsere zur Entfaltung gekommene, gegliederte Welt. Dem eher männlichen Streben nach Selbstbehauptung (Spannung) steht das eher weibische nach Selbsthingebung (Lösung) gegenüber. Diese Polarität nötigt Mann und Frau zu dem ebenso heiteren wie dramatischen Wechselspiel miteinander, das das Leben so interessant macht. Was wäre die Welt ohne diese Gegensätzlichkeit, ohne diesen ewigen rhythmischen Wechsel?

Werfen Sie bitte nochmals einen Blick auf die letzte Übersicht über die prinzipiellen vier Ausprägungen des Spannungszustandes.

Der zu sehr gelöste Mann (»weibisch«) ist im Allgemeinen ebenso unglücklich wie die zu sehr gespannte Frau (»ver-männlicht«). Zu sehr gelöste Männer sind durchweg weniger glücklich als zu gespannte. Und zu gespannte Frauen sind durchweg weniger glücklich als zu gelöste. Findet sich aber ein zu sehr gelöster Mann mit einer zu gespannten Frau zusammen, dann sind beide - sonst gleiche Voraussetzungen angenommen - viel glücklicher, weil sie sich in ihrem Verhältnis zueinander eher im Ausgleich befinden. Natürlich sind das erst recht die vielen relativ glücklichen Paare, bei denen das normale Spannungsverhältnis vorliegt.

Oft werden einander Spannung und Auflösung gegenübergestellt, also die positiv zu wertende Spannung und die negativ zu wertende überstarke Lösung. Das ist falsch und die Quelle von verkehrten Urteilen. Die positive Spannung darf nur mit der positiven Lösung als ihrem ergänzenden Gegenstück verglichen werden. Auch die Lösung ist ja nicht nur negativ, wie es oft hingestellt wird. Sie ist eine der beiden Urzuständlichkeiten und von Grund auf auch positiv. Was wäre die Spannung schließlich ohne ihre Lösung? Als

Gegenstück der Spannung darf also niemals die Auflösung oder Zerlösung eines Zusammenhangs oder einer Persönlichkeit betrachtet werden.

Auf dieser nun dargelegten Grundlage lassen sich folgende Gesetze aufstellen:

1. Die Spannung verlangt nach Lösung, und die Lösung verlangt nach Spannung, weil die Gegenkraft jeweils die natürliche Ergänzung darstellt. Oder: Spannung und Lösung ziehen einander an.

2. Die überstark ausgeprägte Lösung führt deshalb zwangsläufig zur Spannung hin, und die übermäßige Spannung zur Lösung. Oder: Die extreme Wirkungskraft weckt die Gegenkraft.

3. Spannung und Spannung sowie Lösung und Lösung streben voneinander weg. Oder: Die gleichartigen Wirkungskräfte stoßen einander ab.

4. Ist die Kraft der Lösung stärker als die der Spannung, dann geht die Spannung in der Lösung auf. Die Lösung behält die Oberhand. Und umgekehrt. Oder: Die stärkere Kraft setzt sich (zunächst) durch.

5. Vergleichsweise ist im äußeren Bereich und an der Oberfläche aller Dinge und Lebewesen immer Lösung, und in ihrem Innern und im Kern ist immer Spannung.

Oder: **Echte Spannungskraft kommt aus dem Inneren, aus der Tiefe.**

Allgemein: Alles geschieht aus den beiden Grundkräften Spannung und Lösung. Scheinbar sind sie Gegensätze, in Wahrheit aber Ergänzungen. Denn beide zusammen bilden erst das Ganze.

Diesen Gesetzen unterliegt unsere gesamte Welt: die sogenannte tote Materie und alle Lebewesen, die materiell-physikalischen, die menschlich-psychologischen und die soziologischen Zusammenhänge und Wandlungen. Im privaten Bereich von Ehe und Familie und genauso im öffentlichen und politischen Leben. In der Innen- wie in der Außenpolitik.

Warum fallen die Menschen seit eh und je von einem Extrem ins andere? - Warum beherrschten zu allen Zeiten die Yang-Völker die Yin-Völker: also die, die in der Masse ihrer Menschen gespannter, konzentrierter, kerniger sind, diejenigen, die gelöster, unkonzentrierter, weicher sind? - Warum gibt es in unzähligen Ehen und Familien, Betrieben und Organisationen so viele Spannungen und Schwierigkeiten? - Warum bewundern und lieben die Menschen das, was sie anzieht? Und warum gehen sie, mit steigernder Hingabe daran um so sicherer, schließlich darin auf? Ja, warum werden sie von dem Extrem aufgesaugt, versklavt, vernichtet (offensichtlich ein unabänderliches Gesetz)? - Nehmen Sie irgendeinen kritischen Fall aus Ihrer eigenen Erfahrung, und gehen Sie ihm nach den hier aufgezeigten Zusammenhängen auf den Grund: Sie werden staunen, wie Sie immer und immer wieder auf die Wirksamkeit dieser Gesetze stoßen.

Es wäre äußerst reizvoll, die tausend Schwierigkeiten der Menschen im praktischen Leben daraufhin exakt durchzuprüfen. Und die unübersehbare Fülle an Stoff, die uns die Geschichte aller Völker und Zeiten liefert. Das kann nicht die Aufgabe dieser zusammenfassenden Darstellung sein. Es würde ein eigenes Werk von großem Umfang füllen. Der kritische Leser braucht sich nur die Ereignisse der jüngeren und jüngsten Geschichte vor Augen zu halten. Er wird von Mal zu Mal rascher und treffender die aufgezeigte Gesetzlichkeit am Werk sehen.

4. Der Spannungsausgleich ist das Wesentliche

Heute wird viel von Entspannung geredet. Alle führen das Wort im Mund. Und viele sind sich nicht klar darüber, was es eigentlich bedeutet. Die zu Beginn des letzten Kapitels entwickelte Übersicht und die nächste im folgenden Kapitel weisen das Wesentliche in knappster Form auf. Die Bindung oder Spannung der Kraft im positiven Sinn und die Lösung der Kraft oder die Entspannung im gesunden Sinn bilden die Mitte. Sie stehen, wenn alles in Ordnung ist, in ständiger Wechselwirkung.

Von dieser Plusseite muß ganz scharf die Minusseite getrennt werden: die Überspannung oder Verspannung der Kraft mit ihren Stauungen und Verkrampfungen als die negative Steigerung der Spannung. Schließlich hat jede Spannung die Tendenz, sich zu verhärten. Und auf der anderen Seite ist die Auflösung der Kraft mit ihrer Zerlösung der Persönlichkeit im ungezügelten Sichgehenlassen die negative Steigerung der Lösung. Auch jede Lösung hat die Tendenz zur Auflösung hin, zum haltlosen Verfließen. Der Überspanntheit der Kraft steht also ihre Auflösung gegenüber.

Überspanntheit und Verkrampfung sind in der heutigen Welt, vor allem bei hochbelasteten Menschen im Berufsleben, an der Tagesordnung. Es kann niemals richtig sein, wenn die Entspannung nun auf die Zerlösung der Persönlichkeit in der völligen Ungehemmtheit abzielt. Dadurch wird das Hin- und Herschwanken zwischen den Extremen erst recht befördert und beschleunigt. Alles schreit heute nach Entspannung. Viele suchen sie auf jede nur mögliche Art; manchmal bis zur völligen Verausgabung der Kraft. Die Auflösung der Spannung kann letztlich jedoch nur den Ruin der Persönlichkeit bedeuten, der sich bei starker Vitalkraft und sonst günstigen Voraussetzungen nach außen hin vielleicht lange verbergen läßt, aber unausweichlich kommt.

Die richtige Entspannung kann nur darauf abzielen, die negative Überspannung durch ihre Reduzierung auf das individuell gesunde Spannungsmaß abzubauen. Und das ist nur durch die positive Lösung möglich. Dann stellen sich die rechte Spannung der Kraft und damit ihre ständige Verfügungsbereitschaft von allein ein. Das ist die einzig richtige Entspannung. Sie befreit von der Überspannung nicht kurzfristig - gleichsam ohne jeden Halt, sondern in der richtigen Form der Lösung. Das Ergebnis ist dann der echte Spannungsausgleich, auf den es allein ankommt.

Im europäisch-amerikanischen Kulturkreis finden wir heute besonders in den führenden Kreisen vielfach die typische Überspanntheit, wie sie sich aus der ständigen Überbetonung des bewußten Verstandes und Willens ergibt. Die seelische Wurzel liegt im verhärteten Willen nach Selbstbehauptung und Selbstdurchsetzung. Die zum Teil gnadenlose Leistungsgesellschaft sorgt dafür, daß er eher noch weiter gesteigert wird. Der Überspannte ist in seinem Ich gefangen. Er kann aus seinem Ich nicht heraustreten und kann deshalb oft auch nicht wirklich lieben. Lieben im wirklich tiefen Sinn des totalen Sichverschenkens an den geliebten Menschen. Denn er muß die echte Hingabe an einen anderen als Wertverlust empfinden. So bleibt er im Grund immer abgeschlossen und isoliert. Deshalb fehlt ihm auch die ursprüngliche Kontaktfähigkeit und -gewandtheit. Und er sucht sie durch gelernte Kontaktroutine zu ersetzen.

Diese seelische Überspanntheit zeigt sich in der körperlichen Verspannung: Der Überspannte wirkt immer irgendwie erstarrt oder mindestens verhärtet. Es mangelt ihm an der frischen Natürlichkeit und der fließenden Bewegung des sich frei und gelöst Gebenden. Oft erlebt man etwas geradezu Festgefahren-Unlebendiges an ihm. Speziell die hochgezogene Schulter- und die Kopfpartie zeigen es deutlich an.

Es sind die Menschen, die wir in ihrer psychosomatischen Einheit getrost als kopflastig bezeichnen dürfen. Der Schwerpunkt ihres Wesens ist aus der natürlichen Körpermitte in unnatürlicher Form nach oben, zum Kopf hin ausgewandert. Es sind auch diejenigen, die in ihrer einseitig-rationalistischen Wertbetrachtung das Triebhaft-Emotionale als wertwidrig empfinden. Als etwas Negativ-Animalisches, mit dem man eben irgendwie zurechtkommen muß. Oder aus dem es allenfalls noch ein Höchstmaß an körperlicher Sinneslust herauszuholen gibt, wenn es ansonsten doch nur eine ständige Störungsquelle ist. Wer von der in sich geschlossenen Ganzheit des Menschen ausgeht, der weiß sofort von der tief verwurzelten Beschränktheit dieser Menschen als Persönlichkeiten. Und wenn sie noch soviel äußeren Erfolg zu bieten hätten. Im Spannungsausgleich, wirklich »glücklich«, sind sie ganz gewiß nicht.

Will sich der Überspannte entspannen, will er zum einzig gesunden Spannungsausgleich kommen, dann muß er sich von seiner verhärteten Ich-Kraft lösen. Sonst wird er nie eine echte Entspannung erreichen. Er muß also die Schranken aufheben, die ihn in seinem eigenen Ich festhalten. Das ist schwer. Unmöglich ist es nicht. Wenn es ihm nur gelingt, sein Ich hinreichend zu »zermürben«.

Demgegenüber ist der übermäßig Gelöste der Welt sozusagen hemmungslos preisgegeben. Er ist abhängig von seinen Eindrücken, Gefühlsregungen und den Triebkräften. Da gibt es keine Distanz, keinen Widerstand, keine Haltung. Der Aufgelöst-Sichgehenlassende hat keinen Abstand von sich selbst: Er kann nicht über der Sache stehen und damit auch nicht über sich selbst. So muß es ihm an der inneren Freiheit fehlen. So kann er die Welt, in der er lebt, gewiß nicht nach seinen Vorstellungen formen und gestalten. So wird er zum Spielball der stärkeren Umwelt.

Dem entspricht die körperliche Saft- und Kraft-
losigkeit. Der kraftlos zusammengefallene Körper läßt
Durchformung vermissen. Seine Bewegungsweise
erweckt oft den Eindruck, als fehlten ihm die Knochen. Als wäre er eine weiche, in alle Richtungen
formbare Masse. Viele dem Rauschgift verfallene
Jugendliche geben dieses Bild ab, je nach dem Grad
ihrer Hingabe an das Rauschgift und der bereits ein-
getretenen Zerlösung ihrer Persönlichkeitskraft.

Die in Zerlösung begriffene Persönlichkeit sucht
dann - außer im letzten Stadium der totalen Auflösung
- ihre ständigen Minderwertigkeitserlebnisse in über-
mäßiger Form zu kompensieren. Durch gelegentliche
Wutausbrüche und sonstige Aggressivitätshandlungen
meist mehr oberflächlicher Art, also von Strohfeuer-
charakter.

Eine andere Spielart findet eine gewisse Zuflucht
in äußeren Formen, die ihr, obwohl wesensfremd, die
nötigen Korsettstangen für ein Mindestmaß an äußerer
Haltung abgeben. Und an der sie sich dann, wie an
einem Rettungsanker fast sklavisch oder verzweifelt
festhält.

Finden wir in der westlichen Welt sooft die typische Überspanntheit des Kopflastigen, so in der asiatischen Welt jene schon in die Auflösung hineingehende
Gelöstheit, wie sie zum Beispiel den indischen Sub-
kontinent, auch die südöstlich davon gelegene Insel-
und Halbinselwelt, zum Teil kennzeichnet. In Japan

und weiten Teilen Chinas ist man jedoch schon seit altersher gegen die Gefahr der übermäßigen Lösung angegangen. Bestimmte religiöse Richtungen wie der Zen-Buddhismus legen ein klares Zeugnis davon ab. Will der überstark gelöste Mensch wieder in Ordnung kommen, so muß er die Elemente und Hilfsmittel ausnützen, die seine Kräfte binden und ihm auf diese Art langsam aber sicher zur rechten Spannung verhelfen. Durch die für ihn z.B. geeignete Meditation wird er zu der inneren Spannung finden, die ihm seine Persönlichkeitswerte im vollen erschließt.

Wer sich im Extrem befindet, neigt nahezu zwangsläufig dazu, zwischendurch ins andere Extrem zu verfallen. Wenn jemand einseitig in der überforcierten Spannung lebt, dann müssen ihn seine überspannten Kräfte immer wieder einmal verlassen. Das vergewaltigte Bedürfnis nach Lösung muß die Oberhand bekommen und ihn mit sich fortreißen. Es ist der natürliche Gegenschlag des antagonistischen Wirkungsfaktors. Wir können es im Leben oft beobachten, wie der Betreffende aus seiner künstlich überhöhten Spannungsposition total wegsackt und sich völlig hemmungslos gehenläßt. Alkohol und Sexus bieten sich als die erforderlichen Vehikel dafür geradezu an. Und wie viele schütten ihr Herz dann in absolut unbeherrschter Form an der falschen Stelle aus! So lange, bis man sich dann von neuem in überforcierter Form zusammenreißt. Es ist sicher kein Zufall, sondern es hat hier seine einfache Begründung, daß gerade in den menschlichen Gemeinschaften solche Exzesse häufig vorkommen, die sich als besondere Elite empfinden. Denken Sie nur an das Offizierskorps in den früheren Zeiten des Standesdünkels, an die alten Burschenschaften, »hervorragend disziplinierte« Truppenteile zu allen Zeiten der Geschichte, gewisse elitäre NS-Organisationen, auch an Geistliche, die in der strengen kirchlichen Disziplin stehen, usw.

Und der in Auflösung begriffene Mensch, der sich im Allgemeinen ungehemmt gehenläßt, reißt sich hin und wieder in krampfhaft übertriebener Form zusammen. Um sich und den anderen seinen Persönlichkeitswert (um den er in Restbeständen vergeblich ringt) zu beweisen. Und um anschließend um so tiefer herunterzufallen in seine Haltlosigkeit. Hier haben wir den gleichen, soeben beschriebenen psychologischen Prozeß vor uns, nur mit umgekehrter Wirkungskraft der beiden Erscheinungsformen der Energie.

Befindet sich der Mensch im Spannungsausgleich (»Sattwa«), dann ist er im richtigen Verhältnis zugleich gespannt und gelöst. Sowohl körperlich als auch seelisch. Er hat und er zeigt Haltung und zur rechten Zeit hochgespannte Aktivität. Auf der anderen Seite kann er sich voll und ganz »lassen«, ist also wahrhaft gelassen, völlig entspannt und innerlich frei. In aller seiner lebendigen Dynamik ist er doch ausgeglichen, befindet er sich im Gleichgewicht und im Vollbesitz seiner Kräfte und Persönlichkeitswerte. Er ist im Lot. Er strahlt innere Ruhe und Sicherheit aus. Auch schwere Schläge können ihn nicht erschüttern.

Die äußere Erscheinung spiegelt dann das unverstellte Leben wider. Im Besonderen der lebendige, harmonische Fluß der Bewegungen und Gebärden. Sie sind locker-gespannt, also gekennzeichnet durch die typische Mischung von Spannkraft und Lockerheit. Hat man seinen Blick dafür hinreichend geschärft, dann ist es geradezu ein Genuß, diese Menschen sich bewegen zu sehen.

Im Hinblick auf einen heute weitverbreiteten Irrtum muß deutlich gesagt werden: Der Spannungsausgleich kann niemals totale Entspannung sein. Denn sie bedeutet den Verlust jeglicher Spannung und damit die völlige Erschlaffung des Organismus. Spannungsausgleich bedeutet den mittleren Spannungszustand, der das normale Befinden des Menschen kennzeichnen muß. Also die geregelte Spannung, bei der sich die Agonisten und die Antagonisten in ausgewogenem Verhältnis befinden. Nur dieser in der Mitte ausgeglichene Tonus kann der gesunde Muskeltonus sein.

Im Ausgleich sein verlangt, auch das Negative im Leben zu akzeptieren: die kleinen und großen Schwierigkeiten des Alltags mit ihren Belastungen und Nöten. Widerwärtiges Verhalten anderer Menschen, sogenannte Unglücksfälle, materielle Sorgen, gesundheitliche Probleme, Niedergeschlagenheit: Alles das ist die Kehrseite dessen, was wir uns wünschen. Gäbe es die unschöne Kehrseite des Lebens nicht, dann könnte es auch nicht die schöne und anziehende Vorderseite geben, die wir uns alle so sehr wünschen. Also freundliches Verhalten der anderen, »Glück«, materielle Sicherheit in jeder Hinsicht, totale Gesundheit, nur frohe, gehobene Stimmung. Wir könnten gar nicht wissen, was all das ist. Da sind wir wieder bei unserem Grundgesetz der polaren Gegensätzlichkeiten. Wenn wir es hundertprozentig anerkennen, dann akzeptieren wir das Negative voll und ganz und nehmen es als ebenso notwendig an wie das, was wir uns wünschen und was wir nur zu gern annehmen. Nur über das Negative kommen wir zur vollen Erkenntnis und zum vollen Genuß des Positiven.

Menschen, die so weit gekommen sind, befinden sich im Gleichgewicht. Sie sind im Spannungsausgleich. Sie sind gereifte Persönlichkeiten. Nur im rhythmischen Wechsel von Spannung und Lösung kann die Persönlichkeit zu dieser ihrer optimalen Entwicklung hin wachsen und reifen. Der echte Spannungsausgleich ist der Schlüssel zum vollwertigen Leben und zur höchstmöglichen Wirkungskraft. Zu dem, was wir in einem tieferen Sinn das Glück nennen. Deshalb ist er das einzig Wesentliche. Er soll das Ziel aller Bemühungen sein. Die Techniken, unsere Spannungsschwankungen zu steuern, sie langsam aber sicher in den Griff zu bekommen, sind die entscheidenden Hilfsmittel dazu.

Zahllose führende Asiaten haben diesen Spannungsausgleich seit Tausenden von Jahren angestrebt und erreicht. Der alte chinesisch-japanische Kernbegriff »Hara« ist mit ihm weitgehend identisch. Sie haben alle darum gerungen, in ihrer Mitte zu leben und nicht gleichsam am Rande ihres Wesens. Und das ist das Geheimnis ihrer überragenden Persönlichkeit.

5. Spannung und Lösung unserer Kraft im Einzelnen

Das Grundsätzliche dürfte jetzt klar sein. Was nun die Begriffe der Spannung und der Lösung im Einzelnen ganz konkret bedeuten, das zeigt am einfachsten und klarsten die folgende Übersicht auf. Wer ihre Angaben im Hinblick auf seine Freunde und Bekannten, auch auf seine Familie, auch sich selbst gegenüber kritisch durchdenkt, wird in vielen Fällen rasch merken, welch hervorragendes Werkzeug zur Erfassung wesentlicher Zusammenhänge für die richtige Menschenbeurteilung ihm hier zur Verfügung steht[1].

Im grundlegenden Kapitel wurde schon darauf hingewiesen, daß der Begriff der Kraft (Lebenskraft, Vitalkraft, Antriebskraft, Energie, d. h. die Summe der Gefühlsantriebe) und das Verhältnis Spannung: Lösung scharf auseinandergehalten werden müssen. »Gespannt« wird in der Praxis von vielen Menschen gleichgesetzt mit kraftvoll oder vitalstark und ebenso »gelöst« mit kraftlos oder vitalschwach. Das ist eine folgenschwere Verwechslung. Sie hat ihre Ursache darin, daß man sich im allgemeinen Denken und Sprachgebrauch über die eminente Bedeutung der Vitalkraft nicht klar ist. Dabei stellt sie eine der wichtigsten Grundgegebenheiten für das menschliche

---

[1] Genaueres darüber siehe das Buch von Dr. Anton Stangl: »Die Sprache des Körpers - Menschenkenntnis für Alltag und Beruf.«

Wesen dar. So kann es die viel gesuchte hohe Belastbarkeit nur bei ausgeprägt vitalstarken Naturen geben.

Ebenso wie jene Disposition zur Gesundheit, die spielend mit Verursachungen der vielen kleinen Gesundheitsstörungen fertig wird, mit denen sich Vitalschwache dauernd herumschlagen müssen! Auch in führenden Kreisen des öffentlichen und wirtschaftlichen Lebens wird das bei der Auswahl leitender Persönlichkeiten nicht immer gesehen. Die Folgen können dann nicht ausbleiben. Deshalb noch die nächsten zwei Übersichten, die ganz konkret aufweisen, was Spannung und Lösung bei Vorliegen von viel und von wenig Vitalkraft bedeuten. Nochmals: Wieviel Vitalkraft zur Verfügung steht, ist die eine Frage. Ob sie gespannt oder gelöst ist, eine andere. Erst die Antwort auf beide Fragen erlaubt ein volles Urteil.

Der sich in vollen Zügen frei auslebende Lösungsmensch ist relativ selten. Viel spricht dafür, daß es ihn im slawischen Volkstum viel häufiger gibt. Einige von Dostojewskis Figuren verkörpern diesen Menschentypus hervorragend. Die negative Variante führen uns gewisse Rauschgiftsüchtige, besonders Jugendliche, vor. Triebstarke und dabei zugleich triebsichere Naturen haben es in unserer so kompliziert gewordenen Welt schwer. Denn in ihr geht es kaum noch ohne die »Kontrolle« der Spannung, der Ratio. Jedenfalls sehr viel schwerer als noch vor wenigen Generationen, da die instinktive Ausrichtung der Persönlichkeit durch die Triebsicherheit noch eher eine Leitlinie abgeben konnte, die für die Lebenspraxis ausreichte. Es ist hochinteressant festzustellen, daß die Kinder in Asien mit geöffneten, also gelösten Händchen den Mutterleib verlassen, während sie in Europa und Nordamerika mit geballten Fäustchen auf die Welt kommen, also im Zustand der inneren Gespanntheit. Das allein kann schon viel aussagen über die verschiedene Grunddisposition der durchschnittlichen Menschen hier und dort, die sich das ganze Leben hindurch tausendfältig auswirken muß.

An dieser Stelle noch eine weitere Bemerkung zur Bedeutung des individuellen Spannungszustands. Der Mensch ist in dieser Welt in seiner Entwicklung offensichtlich zur Reifung bestimmt, die es ohne echte Selbstentfaltung und Selbstverwirklichung schwerlich geben kann. Mit anderen Worten: Seine Entwicklung soll zu dem Grad an Vollkommenheit hinführen, die ihm in dieser Welt erreichbar ist. Jeder von uns kennt solche Menschen, die im Laufe ihres Lebens echt gereift sind. Das hat mit dem äußeren Bildungsstand nur wenig zu tun. Sie strahlen die innere Ruhe, die Gelassenheit, die Geschlossenheit, die Harmonie ihrer Persönlichkeit aus. Sie haben das Ziel ihres Lebens erreicht. Sie sind am Leben gereift. Wesentlich dafür ist in erster Linie nicht, ob sie viel oder wenig Lebenskraft in sich tragen, sondern die Frage des Ausgleichs zwischen Spannung und Lösung ihrer Kraft, also: ob sie im Gleichgewicht, im Lot, in der Mitte ihres Wesens sind.

Nun auf den nächsten Seiten eine Übersicht über den Spannungszustand der Lebenskraft bei unterschiedlicher Vitalstärke.

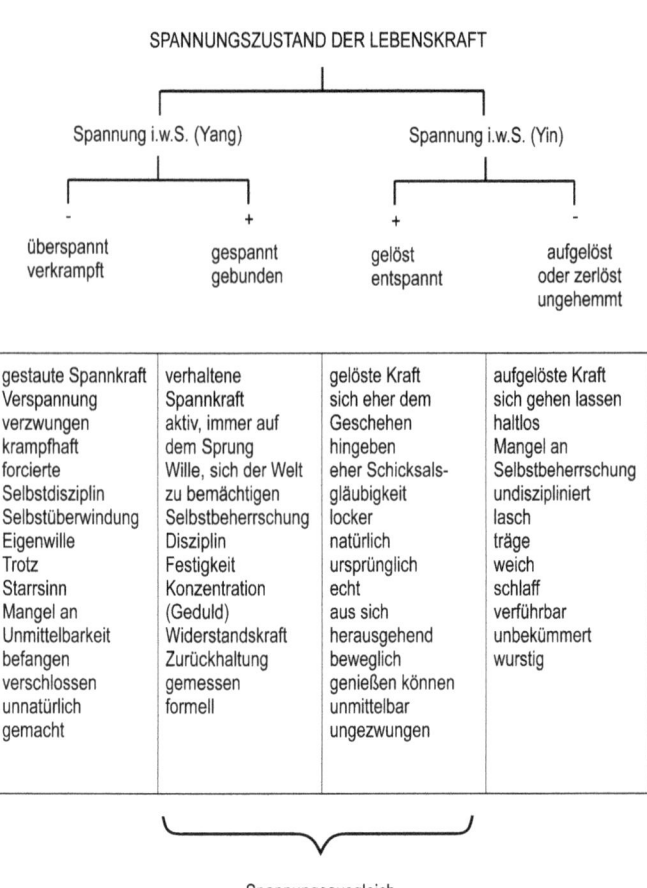

SPANNUNGSZUSTAND DER LEBENSKRAFT

Spannung i.w.S. (Yang) — Spannung i.w.S. (Yin)

-
überspannt
verkrampft

+
gespannt
gebunden

+
gelöst
entspannt

-
aufgelöst
oder zerlöst
ungehemmt

gestaute Spannkraft	verhaltene	gelöste Kraft	aufgelöste Kraft
Verspannung	Spannkraft	sich eher dem	sich gehen lassen
verzwungen	aktiv, immer auf	Geschehen	haltlos
krampfhaft	dem Sprung	hingeben	Mangel an
forcierte	Wille, sich der Welt	eher Schicksals-	Selbstbeherrschung
Selbstdisziplin	zu bemächtigen	gläubigkeit	undiszipliniert
Selbstüberwindung	Selbstbeherrschung	locker	lasch
Eigenwille	Disziplin	natürlich	träge
Trotz	Festigkeit	ursprünglich	weich
Starrsinn	Konzentration	echt	schlaff
Mangel an	(Geduld)	aus sich	verführbar
Unmittelbarkeit	Widerstandskraft	herausgehend	unbekümmert
befangen	Zurückhaltung	beweglich	wurstig
verschlossen	gemessen	genießen können	
unnatürlich	formell	unmittelbar	
gemacht		ungezwungen	

Spannungsausgleich
(Sattwa)

ausgeglichen: im Ausgleich, im Gleichgewicht, im Lot sein,
alles zur rechten Zeit: einmal voll gespannter Aktivität
und dann voll entspannt und frei
ausgewogen, geschlossen, harmonisch, stabil, gereift
(weitgehend identisch mit »Hara«: in seiner Mitte leben)

Spannungsskala

Er braucht zum Beispiel - das nur als Anregung - bloß den Fragen nachzugehen:

- Wie er an die Bewältigung von größeren Aufgaben herangeht: aktiv, immer auf dem Sprung oder eher abwartend, was da auf ihn zukommt?
- Wie er sich bei auftauchenden Schwierigkeiten verhält: ausdauernd, zäh, stur, reizbar oder eher nachgiebig, zu konziliant, träge?
- Wie er auf andere Menschen wirkt: tatkräftig, drängend, befehlend, kraftvoll-verhalten oder eher passiv, zögernd, folgsam, weich?
- Wieweit er »entspannen«, alles einmal vergessen kann?
- Ob er sich einem glückspendenden Erlebnis ohne Reserve hinzugeben, ob er zu genießen versteht?

Und so weiter. Die Übersichten sind für den, der ihren Inhalt erfaßt hat, kaum auszuschöpfen.

Nach diesen eigentlich nur andeutungsweisen Bemerkungen zurück zu unserer Spannungslehre. Es ist noch ein Punkt von größter Bedeutung klarzustellen. Bei vielen Menschen wäre es verfehlt, sie in naiver Weise nun schlicht als Spannungs- oder Lösungsmenschen der positiven oder der negativen Richtung abzustempeln. Wohl gibt es solche, die einheitlich durch das eine oder das andere gekennzeichnet sind. Sie sind aber selten. Es liegt in seiner komplexen Natur begründet, daß sich bei ein und demselben Menschen Spannungs- und Lösungsbereiche überschneiden. Entscheidend dafür sind die immer wieder verschiedenen speziellen Antriebskräfte. Das heißt, die Interessenausrichtung des Einzelnen bestimmt im Wesentlichen, in welchen Bereichen er mehr gespannt und in welchen er mehr gelöst ist.

SPANNUNGSZUSTAND DER LEBENSKRAFT
speziell bei schwachen inneren Kräften
(wenig Vitalkraft)

wenig echte Aktivität, undynamischer Mensch

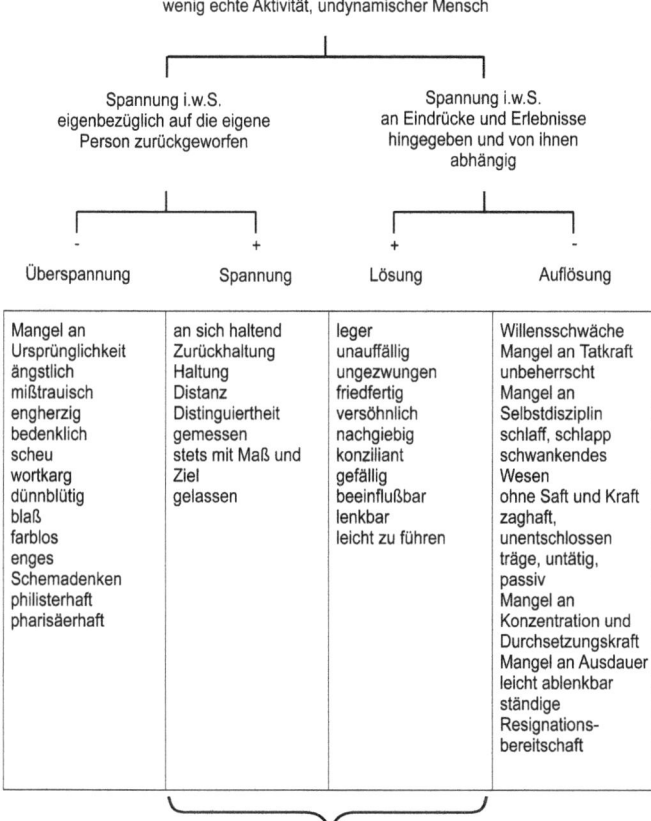

Überspannung	Spannung	Lösung	Auflösung
Mangel an Ursprünglichkeit ängstlich mißtrauisch engherzig bedenklich scheu wortkarg dünnblütig blaß farblos enges Schemadenken philisterhaft pharisäerhaft	an sich haltend Zurückhaltung Haltung Distanz Distinguiertheit gemessen stets mit Maß und Ziel gelassen	leger unauffällig ungezwungen friedfertig versöhnlich nachgiebig konziliant gefällig beeinflußbar lenkbar leicht zu führen	Willensschwäche Mangel an Tatkraft unbeherrscht Mangel an Selbstdisziplin schlaff, schlapp schwankendes Wesen ohne Saft und Kraft zaghaft, unentschlossen träge, untätig, passiv Mangel an Konzentration und Durchsetzungskraft Mangel an Ausdauer leicht ablenkbar ständige Resignations-bereitschaft

Spannungsausgleich
(Sattwa)

oft unauffälliger in sich ruhender Mensch
„ruhiger und friedlicher Bürger"
„braver Arbeiter" im Rahmen
von routinemäßigen Belastungen
besonderen Belastungen
nicht gewachsen

SPANNUNGSZUSTAND DER LEBENSKRAFT
speziell bei starken inneren Kräften
(viel Vitalkraft)

Durch und durch aktiver, dynamischer Mensch

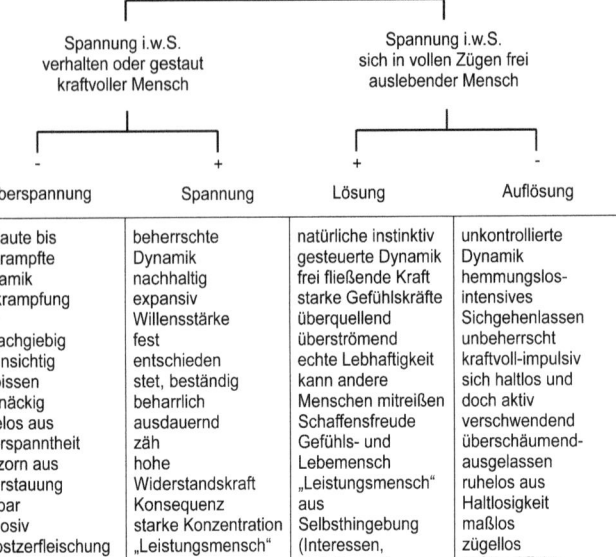

Spannung i.w.S. verhalten oder gestaut kraftvoller Mensch		Spannung i.w.S. sich in vollen Zügen frei auslebender Mensch	
-	+	+	-
Überspannung	Spannung	Lösung	Auflösung
gestaute bis verkrampfte Dynamik Verkrampfung stur unnachgiebig uneinsichtig verbissen hartnäckig ruhelos aus Überspanntheit Jähzorn aus Überstauung reizbar explosiv Selbstzerfleischung (bei Introversion) massive Selbstdurchsetzung gleichsam imponierende Egozentrizität rücksichtsloser Leistungsmensch	beherrschte Dynamik nachhaltig expansiv Willensstärke fest entschieden stet, beständig beharrlich ausdauernd zäh hohe Widerstandskraft Konsequenz starke Konzentration „Leistungsmensch" aus Selbstbehauptung	natürliche instinktiv gesteuerte Dynamik frei fließende Kraft starke Gefühlskräfte überquellend überströmend echte Lebhaftigkeit kann andere Menschen mitreißen Schaffensfreude Gefühls- und Lebemensch „Leistungsmensch" aus Selbsthingebung (Interessen, Motivierung!)	unkontrollierte Dynamik hemmungslos- intensives Sichgehenlassen unbeherrscht kraftvoll-impulsiv sich haltlos und doch aktiv verschwendend überschäumend- ausgelassen ruhelos aus Haltlosigkeit maßlos zügellos heftige Affekte Jähzorn ungestüm launisch-haltloser Lebemensch

Spannungsausgleich
(Sattwa)

echte und starke Persönlichkeit
im Kern in sich ruhend
bei aller lebendigen Dynamik im großen doch ausgeglichen

Je lebendiger nämlich die Interessen, um so rascher reagiert man bekanntlich (Ansprechen des Temperaments). Um so intensiver schießt die gefühlsmäßige Energie in die betreffende Richtung ein (vermeintliche Willensleistung). Und um so leichter lassen sich diese natürlichen Antriebskräfte zur echten Spannung binden (woraus dann auch wirkliche Willensleistungen erwachsen können). Sie kennen ganz gewiß Menschen, die beim Ansprechen ihres besonderen Interessengebietes hellwach werden und sich sofort aktiv und spannkräftig einsetzen (positive Spannung), während sie sich selbst in der einen oder anderen beruflichen Frage und zudem entgegen ihrer ausdrücklichen Pflicht nicht »zusammenreißen« können und hochgradig gehenlassen (negative Lösung).

Bei kritischer Selbst- und Fremdbeobachtung stellen wir alle immer wieder Widersprüchlichkeiten in der menschlichen Seele fest. Denken Sie zum Beispiel nur an Minderwertigkeitskomplexe, von denen kaum ein Mensch ganz frei sein kann: partiell begrenzte oder mehr komplexer Art, in relativ harmloser Form oder neurotisch fixiert. Diese Widersprüchlichkeiten sind schon in der individuellen Konstitution bedingt oder in der Entwicklung. Besonders in früher Kindheit oder durch Krisen, wie sie auch in der Pubertät aktuell sind oder sich ins spätere Leben verschleppen. Oder durch die mannigfachen Krisen des Erwachsenen und des Alterungsprozesses bis hin zur Senilität. Mögen sich einzelne Wesenszüge noch so sehr widersprechen; sie sind nun einmal nebeneinander da und prägen den betreffenden Menschen.

Man darf also die unendliche Vielfältigkeit der Charaktere nicht vergessen und glauben, sie ganz einfach so oder so in die prinzipiell vorgezeichnete schematische Kategorie einklassifizieren zu können. In dem einen Bereich kann man, wie wir gesehen haben, gespannt oder überspannt sein, in dem anderen übermäßig oder positiv gelöst. Das trifft in erster Linie für die übersteigerte negative Form, aber auch für die jeweilige positive Seite zu. Dadurch wird die Situation für jede Beurteilung natürlich mehr oder weniger verkompliziert. Und deshalb sollte man erst nach sorgfältiger Prüfung der individuellen Gesamtpersönlichkeit zu einem endgültigen Urteil kommen.

6. Gesundheit und Krankheit

Der Körper ist eine in sich geschlossene Ganzheit, die nicht aufgespalten werden kann in verschiedene »Teile« (wie es unsere sogenannte moderne Medizin mit der steigenden Zahl von Fachrichtungen leider tut). Es ist unstreitig, daß alle seine verschiedenen Elemente aufeinander ein- und im Sinn des Körperganzen zusammenwirken. Gesund - körperlich wie auch seelisch - kann der Mensch nur sein, wenn zwischen diesen Elementen das natürliche Gleichgewicht gebildet und erhalten, im Störungsfall so rasch wie möglich wiederhergestellt wird. Dieses Gleichgewicht drückt sich in erster Linie im Gleichgewicht von Spannung und Lösung der vitalen Grundenergie aus - also im Spannungsausgleich. Das mag bei genauerem Zusehen im Einzelfall kompliziert sein, wie es die Schlußgedanken des letzten Kapitels gezeigt haben. Dieses Gleichgewicht ist selbstverständlich auch ständig gefährdet. Aber das ändert nichts an der Tatsache:

Ist der Mensch im Spannungsausgleich, ist er gesund. Und nur dann.

Wird der Spannungsausgleich in Frage gestellt, bilden sich sofort krankheitsfördernde oder -erregende (pathogene) Verhältnisse. Geht er verloren, äußert sich das sofort in Krankheit.

Unser Körper stellt eine gigantische Organisation von Abermillionen von Zellen dar. Jede einzelne dieser Zellen wird als Mikrokosmos genauso wie der Makrokosmos durch die Wechselwirkung von Spannung und Lösung gekennzeichnet.

Gerade für die Wachstumsperiode, also für den Säugling, das Kind und den Jugendlichen ist das von der größten Bedeutung. Für den Erwachsenen selbstverständlich nicht minder.

Es ist hochinteressant, als medizinisches Beispiel für die Richtigkeit der hier aufgezeigten Spannungslehre der Vitalkraft das vegetative Nervensystem mit seinen zwei gegensätzlichen Wirkungssystemen zu betrachten: dem Sympathikus und dem Parasympathikus. Der Sympathikus beschleunigt und verstärkt die Herzaktion. Er erweitert und entspannt die zusammengeballte oder gestaute Kraft des Herzmuskels. So reagiert er bekanntlich sofort auf seelische Reize wie Angst, Schrecken oder freudige Überraschung. Er ist also ein Lösungsfaktor (Yin). Überwiegt er bei der Steuerung unserer gesamten Organtätigkeiten, dann spricht der Mediziner von Sympathikotonie. Der Parasympathikus ist demgegenüber der Herzhemmungsnerv. Er setzt die Zahl der Schläge herab, ebenso regelt er die Intensität der Zusammenziehung. Er ist also der Zusammenzieher und damit ein Bindungs- oder Spannungsfaktor (Yang). Überwiegt er bei der Steuerung unserer Organtätigkeiten, dann spricht der Mediziner von der Vagotonie. Diese beiden undurchsichtig erscheinenden Nervensysteme beleben und steuern alle unsere Organe, die dem Zugriff unseres bewußten Willens ganz oder nahezu ganz entzogen sind. Die Gesundheit dieser Organe stellt sich dann als nichts anderes dar als das Gleichgewicht zwischen diesen zwei Nervensystemen der Spannung und der Lösung. Krankheit bedeutet also nichts anderes als die Störung dieses Ausgleichs, sei sie vorübergehend oder dauernd. Bei dieser Betrachtung verliert das Zusammenspiel dieser beiden Nervensysteme sofort seine Undurchsichtigkeit, und es kann sehr viel klarer erfaßt werden.

Wenn sich die Spannkraft des Organismus auflöst, oder wenn der Mensch verspannt ist, wird er unweigerlich krank. Am Ort des geringsten Widerstandes - meist an seinem schwächsten Organ - wird es sich äußern. So gesehen, gibt es nicht viele einzelne Krankheiten, sondern nur eine einzige. So gesehen, ist die Heilung dann im Prinzip auch denkbar einfach. Mit der Wiederherstellung des Spannungsausgleichs wird der Kranke gesund werden müssen. In weiten Teilen Asiens heilten die Ärzte seit Jahrtausenden in diesem Sinn. Ohne allzuviel medizinische Detailkenntnisse. Und sie taten es nach allem, was wir wissen, mindestens so gut wie die abendländische Medizin. Bezeichnend, daß der Arzt im alten China sein Honorar nur bekam, wenn er seine Aufgabe erfüllte, die von ihm betreuten Menschen gesund zu erhalten. Nach der chinesischen Devise: Der gute Arzt heilt, bevor die Krankheit sichtbar wird! Brach sie erst aus, mußte der Arzt kostenlos tätig werden und heilen. Das ärztliche Instrument war im Kern die hoch ausgebildete Fähigkeit, Störungen im Spannungszustand schon im Frühstadium zu erkennen, selbstverständlich bei guter Kenntnis der Naturheilmittel.

Dieses Prinzip der Gesundheit gilt es, in seiner ganzen Bedeutung zu erfassen. Dadurch wird man von dem naiven Glauben befreit, daß einen der Arzt und - deus ex machina - die von ihm verordnete Tablette gesund machen könne. Dann weiß man, daß man sich nur selbst gesund machen kann. Allenfalls mit der Hilfe des Arztes, indem er durch die großartigen diagnostischen Möglichkeiten der modernen Medizin, durch seine Spezialkenntnisse und Erfahrungen den richtigen Weg dazu aufweist. Aber gehen muß man ihn selber. Allerdings ist es mühsamer, den verlorenen Spannungsausgleich wiederherzustellen, als Tabletten zu nehmen.

So können wir die physische Krankheit als Wegweiser sehen, den die Natur im richtigen Augenblick für uns aufstellt. Er weist uns darauf hin, daß in unserem Organismus etwas nicht stimmt, weil das Spannungsgleichgewicht in uns gestört ist. Dies führt uns dann auf den Weg zur Gesundung. Die Gesundheit wird uns ja nicht so ohne weiteres geschenkt, wie die vielgebrauchte Redensart sagt. Wir müssen das unsere dazu tun. Es kann keinem Zweifel unterliegen, daß wir unsere Gesundheit und Krankheit mindestens zu einem großen Teil selber machen.

Bei dieser Betrachtung wird, um den Menschen gesund zu machen, demnach nicht von den Symptomen der Krankheit ausgegangen, sondern von ihrem Ursprung, von ihrer Grundursache. Das ist der fundamentale Unterschied zu unserer symptomorientierten Medizin von heute. (Unser sogenanntes Gesundheitswesen ist eigentlich doch nur ein Krankheitswesen: Statt in erster Linie an der Gesunderhaltung der Menschen zu arbeiten im Sinne der richtigen Prophylaxe, ist es nahezu total ausgerichtet auf das Flicken von »Löchern«, die sich am menschlichen Gehäuse zeigen, Therapie genannt). Die meisten Kranken glauben, sie müssen ihre Krankheit heilen, indem sie das Krankheitssymptom beseitigen. Dabei vergessen sie, daß sie nur sich selbst, den kranken Menschen als Ganzheit heilen müssen und können. Denn wenn das gelingt, dann verschwindet das Krankheitssymptom von allein.

Die Devise sollte also lauten: Nicht die Krankheitserscheinung, sondern den kranken Menschen heilen! Das ist dann die Art der Heilung, die aus der psychosomatischen Ganzheit des Menschen heraus bewirkt wird. Sie ist letztlich der bloßen Symptombeseitigung weit überlegen. Sie setzt allerdings eines voraus: Die wirkliche Überzeugung von der Einheit dieser Welt und den in ihr wirksamen Lebensgesetzen mit unserem eigenen Leben in der Körperlichkeit des Leibes. Denn dort im großen wie hier im kleinen regiert die polare Gegensätzlichkeit von zwei Wirkungsfaktoren ein und derselben alles bewegenden Kraft.

Ein letztes Wort zur üblichen Symptombekämpfung. Es ist bei konsequenter Betrachtung der Zusammenhänge gar nicht möglich, bloß die physische Krankheit mit ihrem körperlichen Symptom zu heilen. Obwohl uns die einseitig naturwissenschaftlich orientierte Medizin der letzten Jahrhunderte in unserem Kulturkreis von klein auf zu diesem Glauben erzogen hat. Im Zeichen der Psychosomatik - für die Asiaten eine jahrtausendealte Binsenweisheit - bilden sich auch bei uns wenigstens erste gewichtige Ansätze für die Überwindung dieser totalen Fehlinterpretation des Lebens. Die physische Krankheit mit ihrem körperlichen Symptom - soll sie in absehbarer Zeit nicht wiederkommen - kann nur zusammen mit der seelischen Grundeinstellung des Menschen geheilt werden. Hat sich aber die seelische Grundeinstellung gewandelt, hat der Mensch das richtige Spannungsverhältnis hergestellt, dann ist der körperlichen Krankheit jeglicher Nährboden entzogen. Wie er in aller Regel in bewußten oder unbewußten Angstzuständen, in der Furcht, vom lebendigen Leben in irgendeiner Form ausgeschlossen zu sein, oder gar in einem frühen seelisch-geistigen Siechtum wirksam ist.

Es ist geradezu faszinierend festzustellen, daß sich die neueste russische Forschung in Anlehnung an die jahrtausendealte chinesische Akupunkturlehre und -praxis intensiv mit der Lebenskraft und dem Gesetz des Spannungsausgleichs zwischen ihren beiden

Erscheinungsformen beschäftigt[1]. Hier wird versucht, einen zweifelsfreien wissenschaftlichen Beweis für die Richtigkeit der dargelegten Lehre der polar wirksamen Lebenskraft zu erbringen.

---

[1] Das Buch »PSI - Die wissenschaftliche Erforschung und praktische Nutzung übersinnlicher Kräfte des Geistes und der Seele im Ostblock«, von Sheila Ostrander/Lynn Schroeder (München 1982) berichtet recht ausführlich darüber, besonders auf den Seiten 200ff. Neuerdings weist eine steigende Zahl von Veröffentlichungen in die gleiche Richtung.

7. Hinwendung der Lebenskraft nach außen bzw. innen

Eine zweite grundsätzliche Betrachtungsweise, die wegen ihrer allgemeinen Bedeutung angefügt sei, läßt das Wesentliche von einer anderen Seite her wiederum deutlich erkennen. Sie betrifft ein wichtiges Moment der Grundeinstellung des Menschen zu seiner Welt: speziell die Frage, in welche Richtung sich die Lebenskraft, die vitale Energie des einzelne vorwiegend wendet, ob mehr nach außen oder mehr nach innen.

Nachdem der prinzipielle Aufbau der so bedeutungsvollen Übersichten über den Spannungszustand der Lebenskraft dargestellt wurde, bedarf das jetzt folgende Schema weiterer Begründung oder Erläuterung. Es sprich für jeden aufmerksamen Leser für sich selbst.

Der Mensch unseres Kulturbereichs, der im Regelfall hoch belastet ist, braucht in unserer Zeit ein Korrektiv seiner ständigen Konzentration und seines ständigen Wirkens nach außen hin im richtigen Wirken nach innen. Je bewußter er seiner selbst wird, um so sicherer findet der »Außer-sich-Geratene« zu sich selbst zurück. Um so wirkungsvoller findet er seine innere Ruhe, seine Festigung, ohne an der so nötigen Aktivität nach außen hin irgendwie einzubüßen. Ja, seine Lebenskraft steht ihm in einem tieferen Sinn noch intensiver und stoßkräftiger zur Verfügung.

Denn der Mensch ist eine Ganzheit. Wir können Körper und Seele/Geist nicht voneinander trennen. Sie stehen in ständiger intensiver, Wechselwirkung zueinander.

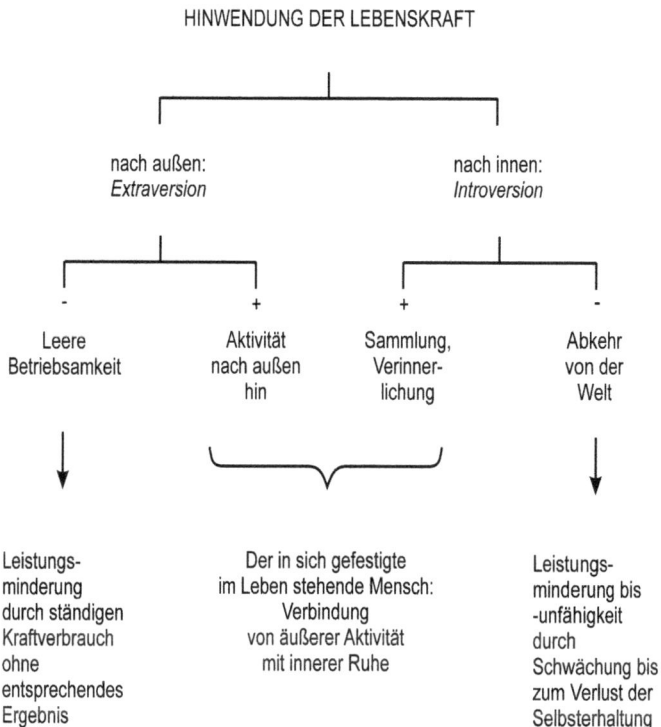

HINWENDUNG DER LEBENSKRAFT

nach außen:
Extraversion

nach innen:
Introversion

| - | + | + | - |
| Leere Betriebsamkeit | Aktivität nach außen hin | Sammlung, Verinnerlichung | Abkehr von der Welt |

Leistungsminderung durch ständigen Kraftverbrauch ohne entsprechendes Ergebnis

Der in sich gefestigte im Leben stehende Mensch: Verbindung von äußerer Aktivität mit innerer Ruhe

Leistungsminderung bis -unfähigkeit durch Schwächung bis zum Verlust der Selbsterhaltung

Die Einheit von Leib und Seele
(Psychosomatik)

»Der größte Fehler bei der Behandlung von Kranken: Leib und Seele werden allzu sehr getrennt, obwohl sie nicht getrennt werden können. Deshalb übersehen die Ärzte so viel. Sie sehen nicht das Ganze. Ihm sollten sie sich zuwenden. Denn wo das Ganze übel daran ist, kann unmöglich ein Teil davon gesund sein.«

(Plato, 427-347 v.Chr.)

1. Die innige Wechselwirkung von Leib und Seele

Was heute noch viel mehr als zu seinen Lebzeiten vor bald zweieinhalbtausend Jahren beklagt wird, war offensichtlich schon für Plato ein Ärgernis. So alt ist also dieses moderne Problem in unserem Kulturkreis! Übrigens sehr im Gegensatz zu Asien. Dagegen haben unverbildete Menschen zu allen Zeiten auch bei uns gespürt, daß man die Seele nicht vom Körper und den Körper nicht von der Seele trennen kann. Das Verhältnis beider zueinander scheint uns am besten formuliert in den schlichten Worten des großen Philosophen und Psychologen Ludwig Klages: »Der Leib ist die Erscheinung der Seele, die Seele ist der Sinn des Leibes.« Man kann auch sagen: Der Körper ist der Ausdruck von Seele und Geist, und sie sind es, die den Körper mit Leben erfüllen.

Den innigen Zusammenhang zwischen seelischem Erleben und körperlichen Erscheinungen oder Auswirkungen kennen wir alle. Es ist nicht unsere Seele, die sich ärgert oder erregt, Freude, Angst oder Wut hat, sondern wir sind es in unserer Ganzheit. Also der ganze Mensch, Seele und Körper zugleich:

- Wir erröten vor Scham.
- Wir erbleichen vor Schreck.
- Wir zittern vor Zorn.
- Gewisse Erlebnisse lassen uns erschauern, und wir bekommen eine Gänsehaut.

- Ein widerliches Geräusch geht uns durch Mark und Bein.
- Der Ekel verschlägt uns den Appetit.
- Auf der anderen Seite läuft uns das Wasser im Mund zusammen, wenn wir etwas ganz Leckeres nur sehen. Manchmal, wenn wir nur daran denken.
- Wir finden etwas haarsträubend oder so atemberaubend, daß uns dabei die Luft wegbleibt.
- Da läuft uns etwas über die Leber, um uns anschließend auf dem Magen zu liegen.
- Viele drücken ein Auge zu, wenn sie etwas wahrnehmen, was ihnen gegen den Strich geht.
- Manchmal reißen wir uns ein Bein aus oder wünschen uns mehr Ellbogenfreiheit. Andere halten in der gleichen Lage ganz einfach still.
- Wenn einer kein Rückgrat hat oder weiche Knie bekommt, kann er im richtigen Moment nicht die Zähne zusammenbeißen.
- Manch einer muß seine Nase in alles hineinstecken, obwohl ihm eine Sache rasch auf den Magen schlägt, weil er eine dünne Haut hat.
- Der eine schwebt in den Wolken, während der andere mit beiden Beinen auf der Erde steht.
- Wie rasch hat einer die Hose voll, statt daß ihm die Galle überläuft und er dann Gift und Galle spuckt.
- Wenn uns etwas unter die Haut geht, dann kann es uns heiß und kalt den Rücken herunterlaufen oder uns die Kehle zuschnüren.

Solche Beispiele ließen sich seitenlang fortsetzen. Alle entwickelten Sprachen sind voll von Redensarten, die seelische Vorgänge oder menschliche Verhaltensweisen durch Hinweise auf das Körperliche wiedergeben.

Haben Sie (im christlich-abendländischen Kulturkreis) jemals einen Trauerzug gesehen, bei dem die Trauernden anders als buchstäblich niedergedrückt - körperlich und seelisch zu verstehen - daherkamen?

Trauer, Depression im Herzen und Bewegungsgehemmtheit, also verminderte Muskelinnervierung sind eins. Haben Sie jemals einen von einer echten Freude erfaßten Menschen gesehen, der nicht einen gesteigerten Bewegungsdrang gezeigt hätte? In Gestalt von raschen Schritten und Bewegungen, von sinnlos erscheinendem Gestikulieren des ganzen Körpers bis dahin, einem anderen Menschen um den Hals zu fallen?

Freude im Herzen und Bewegungsgesteigertheit, also bis zu vermeintlicher Sinnlosigkeit gesteigerte Muskelinnervierung sind eins.

In der Tat: Menschen, die an sich arbeiten, wissen, wie sich durch körperliche Aktivität ein negativer seelischer Zustand wie Niedergestimmtheit, Arbeitsunlust, Depression rasch belieben läßt. An einem noch so drückend-heißen Sommertag macht einen ein erfrischendes Bad mit intensivem Schwimmen wie neugeboren. Und schon wenige Minuten flotter körperlicher Bewegung erreichen einen ganz ähnlichen Effekt. Sofort stellt sich ein Gefühl der Befreiung und des gesteigerten Selbstvertrauens ein: Die kritische Phase ist überwunden.

Speziell die Angst gibt uns ein treffliches Beispiel ab. Sie kann einen jähen Schweißausbruch bewirken, im besonderen kalten Schweiß auf die Stirn treiben, kalte Schauer den Rücken hinabjagen und die Glieder buchstäblich erstarren lassen, so daß ein lähmungsähnlicher Zustand eintritt. Oft ist dies mit einer eigenartigen Leere im Gehirn, einer Art Bewußtseinstrübung verbunden, denn die Angst verengt sofort die Blutgefäße bis hin zu den Kapillaren und bewirkt Stocken des Kreislaufs und des Atems. Jäh einsetzende Angst kann bekanntlich den sofortigen Tod herbeiführen. Welcher erfahrene und selbstkritische Autofahrer kennt nicht die sofortige Versteifung bzw. Verkrampfung seiner Bauchdeckenmuskulatur, wenn plötzlich eine echte oder vermeintliche Gefahrensituation auftaucht? Es braucht jemand nur von einer Situation zu erzählen, die ihn mit Angst oder Furcht erfüllte, und schon lassen sich solche und ähnliche Erscheinungen beobachten. Hierin liegt auch der tiefe Sinn, dem Feind vor dem Kampf zuerst gehörig Angst einzujagen - bis hin zu Cassius Clays Geschrei »I am the greatest«. (Natürlich spielt hier auf der anderen Seite noch die positive Auswirkung der Selbstsuggestion mit.) Die Geschichte zeigt uns, wie verheerend sich der Ruf der Unbesiegbarkeit einer Armee auf jeglichen Feind auswirken kann. Doch das nur am Rande.

Den innigen Zusammenhang von Leib und Seele kann der, der seine Augen davor nicht zumacht, tausendfältig beobachten und erleben. Nun noch einige Hinweise auf grundsätzlich wichtige Erscheinungsformen:

- Die aufrechte Seele kann nur in einem (echt, nicht gemacht) aufrechten Körper wohnen.
- Nur das Stehen auf dem gesamten Fuß und nicht nur auf den Fersen gibt einen festen Stand, körperlich und seelisch-geistig (»Standfestigkeit«).
- Der Mensch mit Hohlkreuz oder mit krummem Rücken kann in seinem Selbstgefühl nicht verglichen werden mit dem, der einen geraden Rücken zeigt.
- Gewohnheitsmäßig hochgezogene Schultern künden von ständiger geistiger Abwehrhaltung aus Angst- oder Minderwertigkeitsgefühlen.
- Auch das Denken hängt, wie Feldenkrais zeigt, eng mit der körperlichen Motorik zusammen. Vor allem mit dem motorischen Sprechen, d. h. mit der Ausprägung der Worte durch die Sprechwerkzeuge. Besonders auch das Zählen und die Abstrahierung in der Zahl werden durch die körperliche Technik des Sprechens stark gefördert.
- Hochinteressant sind die zweifelsfreien Ergebnisse physiognomischer Forschungen, wobei sich der Münchner Psychologe Philipp Lersch durch seine systematischen Untersuchungsreihen bleibende Verdienste erworben hat. Um hier nur zwei ganz einfache Beispiele zu bringen: Heruntergezogene Mundwinkel zeigen unweigerlich eine unfrohe, traurige bzw. mißmutige Stimmungslage. Grund: Der risorius (Lachmuskel), der die Mundwinkel bei jedem Lachen in Richtung Ohren hinaufzieht, ist mangels Gebrauchs mehr oder minder verküm-

mert. Oder die von Lersch so genannte Emp-findlerfalte, die sich durch ständiges Einnehmen der Unangenehmen-Geschmacksreaktion (Nase-rümpfen) im Laufe der Jahre unweigerlich an den Nasenflügeln eingräbt.

- Sexuelle Störungen, insbesondere die psychische Impotenz des Mannes: wo ausschließlich die seeli-sche Angst vor dem Versagen trotz verzweifelter Gegenwehr von Verstand und Wille das körperliche Versagen herbeiführt. Hier zerreißt gleichsam durch die Angst das komplizierte Netz von angebo-renen und erworbenen Reflexen, das sonst den normalen körperlichen Verlauf der geschlechtlichen Erregung bewirkt. Deshalb kann sich eine Heilung auch nur durch das Ausräumen der Angst einstel-len.

- Wie oft hat der unbändige Lebenswille, weil er auch die allerletzten Kraftreserven des Körpers mobili-sierte, einen hoffnungslos schwerverwundeten Soldaten doch noch durchkommen lassen! Der Geist, die Seele kann dem Körper bei jedem Hei-lungsprozeß helfen - oder ihn hemmen, wenn nicht unmöglich machen.

Es kommt also auf den ganzen Menschen an. Noch immer glauben die meisten, der Mensch habe einen Körper. Und noch immer wollen viele nicht begreifen, daß der Mensch ein Körper ist. Ist sein Leib nicht mehr, ist der Mensch nicht mehr. Leib und Seele sind eins. Wenn der Mensch sich wandelt, wandelt sich der ganze Mensch. Dann wandelt er sich seelisch und körperlich zugleich. Zumeist fällt uns nur die eine Seite besonders auf, und darüber vergessen wir die andere. Der Mensch kann sich nur als Ganzes wandeln. Vielleicht vorwiegend von der seelisch-geistigen Seite oder vorwiegend von der körperlichen Seite her. Aber in jedem dieser beiden Fälle wird die Ganzheit des Menschen ergriffen. Es ist ein Unding zu glauben, daß er sich nur seelisch oder nur körperlich würde wandeln können.

Kluge, tüchtige Ärzte, die sich durch die »Symptomatologie« und durch ihren oft immensen Arbeitsdruck den Blick dafür nicht haben nehmen lassen, wissen, was ein vielleicht nur kurzes, aber echt menschliches Wort an den Patienten bewirken kann. Etwas echtes Interesse für ihn und Besorgnis zeigen, ein tröstendes und aufmunterndes Wort an ihn richten: Wie kann das beruhigen! Negative Spannung lösen. Seine vielleicht verzweifelte Stimmung wenden. Die Entspannung der Muskeln, des Herzens, der Atmung und den Schlaf fördern; Kleinmütigkeit und Angst verjagen - diese Ernährer der Krankheit. Die Bereitschaft, den Willen des Kranken zur Mitarbeit wecken. Seine aktiven Kräfte stärken, die sich nun auf die Bekämpfung der Krankheit konzentrieren können.

Den Kranken sich einmal einige Minuten lang aussprechen und seine echte oder vermeintliche Last von der Seele herunterreden lassen: Wie kann das erleichtern und beruhigen! Die Art, wie Erklärungen oder Anweisungen an den Patienten gegeben werden, ist so wichtig. Und es fordert keinerlei Extra-Zeit, sie in verständnisvoll-aufmunternder Art zu geben statt in unpersönlicher Weise. Wie Medikamente verschrieben werden, ist doch oft wichtiger, als *was* verschrieben wird. Leider macht der Teufel unserer Zeit, der den Menschen um sein bißchen Glück bringt: die Entpersönlichung und Versachlichung des vielgepriesenen modernen Lebens, auch vor dem ärztlichen Behandlungszimmer nicht halt. So wird der Patient mehr und mehr eine bloße Nummer, statt Mensch sein zu dürfen. Er degeneriert zu einer bloßen Anhäufung von Knochen, Innereien, Nerven, Muskeln und allenfalls noch einem Gehirn. Eine Seele hat er keine. Wo ist sie auch lokalisiert? Das Seziermesser kann sie ja nicht finden. Also existiert sie nicht.

Viele Gefühlsregungen sind mit der Erweiterung oder Verengung der Blutgefäße verbunden. Das vegetative Nervensystem vergrößert oder verkleinert ihren Querschnitt. Die Ursache kann körperlich sein wie Wärme oder Kälte oder seelisch wie Scham (Erröten) oder Angst, Schrecken, Ekel (Erbleichen).

Seelische Verspannungen sind gekoppelt mit körperlichen Verspannungen. Bei nervöser Erregung steigt zum Beispiel sofort der Blutdruck, weil sich die Blutgefäße zusammenziehen. Dadurch wird die Durchblutung des Herzmuskels verringert, was zu dem gefürchteten Druck in der Herzgegend führt. Außerdem wird die Verdauung in Mitleidenschaft gezogen. Ebenso die Funktion der nach innen wirkenden Drüsen (des Endokrinums). Das ist durch zahlreiche Experimente zweifelsfrei erhärtet. Die Folge sind oder können sein: Kopfschmerz und Abgespanntheit, Durchblutungs- und Herzbeschwerden,

Schlafschwierigkeiten, Verdauungsstörungen, krankhafte Veränderungen des Körpergewichts nach beiden Richtungen, Beklemmungen und Angstzustände, außerdem sexuelle Störungen und frühzeitiges Altern.

Auch die für unsere Zeit so typischen Krankheitssymptome von Magen-Leber-Galle gehören zum großen Teil hierher. Der enge Zusammenhang zwischen Streß und ständigem Ärger mit Magengeschwüren und Gallenerkrankungen ist ja sprichwörtlich. Neuerdings wurde an der Hals-, Nasen- und Ohrenklinik der Universität Wien nachgewiesen, daß auch viele der ständig zunehmenden Allergien psychisch ausgelöst sind. Zum Beispiel können Streit und seelischer Druck schnupfenähnliche Symptome hervorrufen.

So sind körperliche, also Muskelverspannungen oft die Begleiterscheinung von seelischen Verspannungen. Das kann zu Störungen in der Durchblutung des Herzens und schließlich zum Herzinfarkt oder zu Schädigungen am Knochenbau, vor allem an der lebenswichtigen und empfindlichen Wirbelsäule führen, weil die Muskelstruktur sich gemäß der seelischen Verspannung verändert. Der eine Muskel wird vom Bindegewebe durchsetzt, der andere wird kürzer und dicker, ein Dritter in seinem Gewebe härter und bewegungsunfähig.

So verändert sich z. B. die Körperhaltung bis zu ihrer Fixierung. Die freie Bewegungsmöglichkeit wird reduziert, körperlich und seelisch. Auch die seelische Reaktion wird eingeengt. Sie erstarrt zu einem begrenzten Verhaltensmuster.

Umgekehrt muß bei der innigen leib-seelischen Wechselwirkung die körperliche Entspannung natürlich auch zu seelischer Entspannung führen, sie mindestens in hohem Maß erleichtern. Jeder, der die tiefgreifend lockernde Wirkung einer guten Massage kennt, weiß das. Aber wie lange hält die seelische Entspannung dann vor? Gerade so lange, wie die körperliche reicht. Eben weil der Grund zur seelischen Verspannung dadurch nicht beseitigt wird! So ist ihre Wirkung immer nur von kurzer Dauer.

Demgegenüber ist der gesunde, normale Körper immer der, der sich im Spannungsausgleich befindet. Er bewegt sich mit einem Minimum an Kraftaufwand und einem Maximum an Leichtigkeit und Gelöstheit (»Eleganz«). Alle inneren Organe sind in der absolut richtigen Lage, es fehlt ihnen weder ihre natürliche Stützung noch sind sie irgendwie zusammengequetscht. Der Körper wird also nur im Mindestmaß abgenutzt: Er ist deshalb gesünder, »lebendiger«, elastischer, kräftiger und lebt länger.

2. Der Teufelskreis beim hochbelasteten Menschen

Die folgende schematische Darstellung zeigt in äußerster Kürze die Folgen des sprichwörtlichen Streß auf, d.h. die Summe der Störungsfaktoren des heutigen Lebens: Überforderung im Beruf, gar nicht so selten auch in der Familie, allerlei Sorgen und Ängste, Mißerfolg, menschliche Schwierigkeiten in der Ehe, mit Kindern oder mit Mitarbeitern. Oft verstärkt durch übermäßigen Konsum von Genußgiften, die anfänglich Hilfe zu bringen scheinen. Diese Überlastung geht mit gewissen Erschöpfungszuständen und mit einiger Nervosität einher. Sie führt zu seelischen Verspannungen, damit zu Entspannungsschwierigkeiten und Fehlhaltungen (die als Krankheiten in Erscheinung treten) und zum nervös bedingten Leistungsabfall, der seinerseits wieder die Überlastung verstärkt, so daß die seelischen Verspannungen noch schlimmer werden, und damit... haben wir ein Musterbeispiel von Teufelskreis vor uns, der in die Ausweglosigkeit und schließlich in den körperlichen und seelischen Ruin führen muß. Da es sich um einen sich ständig höherschraubenden Prozeß handelt, könnte man fast noch besser von einer Teufelsspirale sprechen.

Verspannung
Entspannungsschwierigkeiten
Überspanntheit
Verkrampfung

Überleistung
Nervosität
Erschöpfung

Psychosomatische Fehlhaltung
Krankheit, z.B. Kopfschmerzen,
Schlaflosigkeit, Kreislaufstörung,
Magengeschwür

Schwächung der Leistungskraft
Nervös bedingte Leistungs-
schwierigkeiten
Tatsächlicher Leistungsabfall

Wie können wir diesen verderblichen Teufelskreis aufbrechen? Doch nur durch die Entkrampfung, d.h. durch die Lösung der übermäßig gespannten Kraft. Sie setzt die Überwindung der Entspannungsschwierigkeiten voraus.

Das ist in erster Linie ein psychologisches Problem. Aus der Leib-Seele-Einheit des Menschen ergibt sich zwingend, daß die Entspannung sowohl von der seelischen als auch von der körperlichen Seite her erstrebt werden muß.

Mit der fortschreitenden Entspannung in diesem Sinn, d. h. mit der steigenden Lösung der überspannten Kraft, muß sich die psychosomatische Fehlhaltung mit ihrem jeweiligen Krankheitsbild auflösen. Die Leistungskraft wird gestärkt, womit sich die Angst vor der Überlastung und diese selbst entsprechend mindern müssen. Denn: Selbst wenn die objektiven Leistungsanforderungen nicht sinken, wenn die Überlastungsfaktoren nicht beseitigt werden können, bildet sich mit der seelisch-körperlichen Entkrampfung die richtige innere Einstellung heraus. Der spätrömische Kaiser und Philosoph Mark Aurel sagt so treffend: »Unser Leben ist das, was unsere Gedanken aus ihm machen.« Man ist nicht mehr der Sklave der Anforderungen, man steht über ihnen. Man bekommt die gewisse Souveränität und Überlegenheit, die es von der Wurzel her leichter macht, mit ihnen fertig zu werden: Der seelische Druck bildet sich zurück und löst sich schließlich auf.

Mit der geänderten seelischen Einstellung können sich auch die körperlichen Krankheitssymptome bis zum voll entwickelten Magengeschwür hin auflösen. Der Organismus wird ohne einen schwerwiegenden physischen Eingriff wie zum Beispiel einer Operation wieder gesunden. Dafür gibt es viele überzeugende Beispiele. Ohne die Beseitigung der seelischen Wurzel des Übels bei bloßer körperlicher Behandlung mittels Medikamenten oder Eingriffen kann zwar eine vorübergehende Besserung erreicht werden, doch dann kommt unweigerlich der Rückfall, der noch stärkere Medikamente bzw. größere Eingriffe nötig macht.

3. Die Kraft der Vorstellung

Um viele Entspannungstechniken verstehen zu können, muß man die Kraft der Vorstellung erfaßt haben, die von der seelischen Seite her den Körper beeinflußt. Mit der rasch steigenden Erfahrung von der Entspannungswirkung stellt sich dann die unbewußte Erwartung dieser Wirkung ein, die sie ihrerseits noch beträchtlich verstärkt.

Jeder Mensch unterliegt der Kraft der Vorstellung. Das ist eine Tatsache, auch wenn sie von einem Rationalisten gelegentlich abgestritten wird. Zugrunde liegt die fundamentale psychologische Tatsache, daß jedes Gefühl eine Stimmungsseite und eine Antriebsseite hat:

- Die Stimmungsseite ist gekennzeichnet durch ein Bild, das wir in uns tragen, durch eine Vorstellung, die unser seelisch-geistiges Auge füllt.
- Die damit engstens verbundene Antriebsseite ist gekennzeichnet durch die Innervation ganz bestimmter Muskeln, die über die Nervenzentren von der seelischen Seite her gesteuert werden, also durch Aktivität des Körpers.

Je nach der Art des Gefühls überwiegt die Stimmungs- oder die Antriebsseite, aber prinzipiell sind stets beide wirksam.

Hier liegt das sogenannte Geheimnis der Wirkungskraft von Bildern oder von Vorstellungen. Man spricht von der Psychomotorik. Man kann es treffend auch das Gesetz des motorischen Miterlebens nennen. Dafür eine Reihe von Beispielen:

- Der von seinen Ideen und Plänen Getriebene kann gar nicht anders als flott daherzuschreiten, während der Träumer gemächlich einen Schritt vor den anderen setzt. Der flotte Spaziergänger bleibt plötzlich stehen, wenn ihm das Gespräch mit seinem Freund höchste Konzentration auf einen ganz bestimmten Punkt abverlangt.
- Ein überzeugender Redner spricht mit allen Anzeichen der absoluten Entschlossenheit, im Interesse aller allen Schwierigkeiten zum Trotz entschieden zu handeln. Die Gesichter seiner ihm voll und ganz folgenden Zuhörer spiegeln diese Entschlossenheit ihrerseits sofort wider: in der Konzentrationsfalte zwischen den Augenbrauen, dem verbissenen Kiefer, dem konzentrierten Blick auf den Redner, darüber hinaus der angespannten Bauchmuskulatur usw.
- Der dem Fußballspiel gespannt Folgende sieht die einmalige Chance des Stürmers zum Torausgleich und tritt mit ihm zusammen mit aller Kraft den Ball ins gegnerische Tor - und landet mit seiner Fußspitze in der unschuldigen Wade seines Vordermanns.
- Wer ein total harmloses Scheinmedikament (»Placebo«) in der selbstverständlichen Überzeugung zu sich nimmt, es sei ein wirksames Schlafmittel, wird bald die erwartete Wirkung an sich verspüren und in tiefen Schlaf verfallen.

- Die Berührung durch einen Menschen, der höchsten Ekel erregt, kann durch die konzentrierte Vorstellung der Widerlichkeit an der Berührungsstelle rasch eine eitrig wirkende Blase hervorrufen.

- Die Haut eines Menschen, der sich in Hypnose befindet, wird mit einer Bleistiftspitze angetippt, und gleichzeitig wird ihm gesagt, daß es ein glühender massiver Draht sei: Eine Brandblase an der Stelle der Berührung ist die Folge.

- Überhaupt bieten unter Hypnose stehende Menschen überzeugende Beispiele. Hier wirkt einzig und allein die durch nichts gehinderte Vorstellungskraft. Von ungezählten ähnlichen Versuchen hier nur ein einziger Bericht: Die Messung der Muskelkraft des Arms ergab bei einer Reihe von Versuchspersonen im Normalzustand durchschnittlich knapp über 100 Pfund. Durch die hypnotische Suggestion von Müdigkeit und Schwäche sank sie auf nur knapp 30 Pfund. Nach der Mitteilung, daß sie sich jetzt sehr gut fühlen würden und besonders stark seien, stieg sie indessen auf nahezu 150 Pfund.

- Bekannt ist die Durchführung von Operationen in der Hypnose, wobei der Operierte keinerlei Schmerzgefühl hat. Dabei muß gesagt werden, daß zuvor der gleiche Arzt diesen Patienten oftmals, bis zu mehrere dutzendmal, in tiefe Hypnose versetzt haben muß. In medizinischen Berichten ist gelegentlich von gewissen Scheinoperationen, z. B. einer Pseudotransplantation, zu lesen, wo unter allem chirurgischen Aufwand ein absolut harmloser

Eingriff, der dieses Wort eigentlich gar nicht verdient, vorgenommen wird: Die Wirkung ist die gleiche wie beim echten operativen Eingriff. Der Yogi oder Fakir macht sich durch die Kraft seiner Gedanken unempfindlich gegen den Schmerz. Er kann über glühende Kohlen gehen oder ein glühendes Eisen ablecken, ohne sich zu verbrennen. Seine Vorstellung und absolute Überzeugung, daß ihm nichts geschehen kann oder daß es ein ganz normales Stück Eisen sei, bewahren ihn davor.

• Die Nonne erhält im religiösen Hochgefühl - so sagen die einen - oder im religiösen Wahn - so sagen die anderen - die Wundmale Christi. Ihre intensive Vorstellung der Details vom Leiden Christi bewirkt über die lokale Reaktion der Blutgefäße das Austreten der Blutflüssigkeit. Die meisten sogenannten religiösen Wunder haben hier ihre Erklärung.

• Auch die Medizinmänner und die Wunderdoktoren aller Zeiten profitieren von diesem psychologischen Zusammenhang. Das Wort der Bibel »Der Glaube kann Berge versetzen« hat hier die Quelle seiner Wahrheit.

Damit sind wir speziell bei der unermeßlichen Bedeutung, welche die Kraft der Vorstellung für Gesundheit und Krankheit hat. Jeder kritische Mensch kennt die Stärke des Einbildungs-Vorgangs bei Krankheiten. Dazu über die eben angeführten hinaus noch einige weitere Beispiele:

- Der Hypochonder braucht in seiner Wehleidigkeit nur den leisen Anflug einer körperlichen Störung zu spüren, und schon fühlt er sich todkrank.
- Man kann allein durch die Vorstellung krank werden. Hierzu ein bezeichnendes Erlebnis des Verfassers: Während seiner Kriegsgefangenschaft vergiftete sich einmal ein hoher Prozentsatz der Lagerinsassen an einem Essig enthaltenden Kartoffelsalat, der in einer Zinkwanne zubereitet war. Die ruhrartige Epidemie ergriff nach ein bis zwei Tagen des Anschauungsunterrichts über ihre wenig appetitlichen Folgen auch eine Reihe von Leuten, die überhaupt keinen Kartoffelsalat zu sich genommen hatten.
- Ja, man kann aus Einbildung sterben. Etwa vor sachlich falschem, aber subjektiv tiefstgreifendem Schreck. So berichtet der Buchautor und Mediziner Dr. Eckart Wiesenhütter von einem Monteur, der bei der Reparatur einer Hochspannungsüberlandleitung auf der Stelle starb, als er versehentlich eine Leitung berührte. Er glaubte, sie stünde unter Strom, was aber tatsächlich gar nicht der Fall war. In der Literatur finden sich ähnliche Berichte aus ganz zweifelsfreier Quelle. Man kann durch absolute Gleichgültigkeit oder durch das Gefühl der absoluten subjektiven Sicherheit, nicht angesteckt zu werden, schwerster Ansteckungsgefahr entgehen. Das läßt sich schon bei fast jeder Grippeepidemie beobachten. Alte Chroniken, die über das fürchterliche Wüten der Pest berichten, beschreiben immer wieder solche Fälle.

- Umgekehrt führt die Angst vor Ansteckung sie fast zwangsläufig herbei. Und oft genug versagen dann alle rein physiologischen Schutzmittel und Abwehrmaßnahmen. Auch das läßt sich bei jeder Grippewelle feststellen. Auf der anderen Seite kann man durch Einbildung von schwerer Krankheit genesen. Der berühmt gewordene französische Apotheker Emile Coue machte viele Kranke, darunter solche, die als unheilbar beurteilt waren, durch seine Methode der Selbstsuggestion wieder gesund. Er ließ sie von morgens bis abends positive Formeln aussprechen wie: »Es geht mir von Tag zu Tag besser«; »Meine Schmerzen sind heute schon geringer als gestern, morgen wird es noch besser sein«; »Ich werde wieder gesund«. Coue glaubte an die Kraft der unaufhörlich wiederholten Formel. Das Entscheidende: Die damit verbundene Vorstellung des Erfolgs mobilisiert sämtliche Kräfte des Organismus, die die Krankheit bekämpfen. Coue hat in vielen Variationen viele Nachfolger gefunden.

Ungezählte Beispiele dieser Art wären möglich. Die Lebenserfahrung zeigt es, und die Literatur berichtet über vielerlei Fälle. Der tiefsinnige Dichter Christian Morgenstern brachte das, worum es hier geht, in die extrem erscheinende und im Kern doch treffende Formulierung: »Kein wahrhaft freier Mensch kann krank sein.« Der wahrhaft freie Mensch steht über den Dingen, er ist im Spannungsausgleich. Er ist auch der Herr über seine Gedanken. Und die Gedanken sind eine starke Kraft. Über die Kraft der

Vorstellung aktivieren sie den physischen Organismus in ihrem Sinn.

Sie brauchen nur die Menschen von durch und durch positiver Lebenseinstellung zu beobachten, die sich durch innere Ruhe und Gelassenheit, durch heiteres Wesen und Lebensbefriedigung auszeichnen. Dann wird sich Ihnen sofort bestätigen: Diese sind kaum je ernsthaft krank, und sie erbringen mit den ihnen gegebenen Kräften ein Optimum an Wirkung. Ihre seelische Hygiene (wie manche es nennen) ist der Schlüssel. Man darf etwas zugespitzt getrost sagen: Positive Lebenseinstellung (die im tieferen Sinn den echten Spannungsausgleich voraussetzt) und Gesundheit sind eins.

Übrigens führt die Vorstellung sofort zu entsprechenden körperlichen Begleiterscheinungen. Bei der Hinlenkung des Bewußtseins auf einen bestimmten Körperteil ist es nicht anders. So erweitern sich auf der Stelle die Blutgefäße, was wiederum eine stärkere Durchblutung und damit zum Beispiel auch erhöhte Wärme des betreffenden Organs bewirkt. Diese körperlichen Begleiterscheinungen sind objektiv zu messen, etwa auch in Veränderungen im EKG und EEG. Das haben vielfache Untersuchungen eindeutig nachgewiesen.

4. Der reflektorische Ablauf im Nervensystem

Man unterscheidet in der Physiologie unbedingte oder angeborene Reflexe und bedingte oder erworbene. Die unbedingten Reflexreaktionen laufen zumeist über das Rückenmark. Sie laufen sozusagen vollautomatisch ab. Zu ihnen gehören z. B. der Pupillenreflex (bei Einfallen von Licht), der Würgreflex (bei Berührung des Rachens) oder der Patellarsehnenreflex (bei Klopfen auf eine bestimmte Stelle an der Kniescheibe). Die bedingten oder erworbenen Reflexe laufen demgegenüber über das Großhirn, das Steuerungsorgan für alle Bewußtseinstätigkeiten seelischer und geistiger Art. Bei diesen spricht also auch die Erfahrung des Menschen mit.

Für diese erworbenen Reflexe ein deutliches Beispiel, das Sie alle kennen. Unsere Speicheldrüsen unterliegen dem angeborenen Reflex, bei Nahrungsaufnahme zwangsläufig sofort Speichel abzusondern. Willkürlich, also auf bewußten Befehl hin, kann niemand den Speichelfluß bewirken. Sie wissen aber alle, daß Sie bestimmte Speisen, etwa ein besonders leckeres Mahl oder gar Ihre Lieblingsspeise, nur zu sehen, etwas davon zu riechen oder davon nur zu hören brauchen. Sie brauchen nur das Bild dieser Speise vor Ihr geistiges Auge zu bekommen, Sie brauchen sie sich nur vorzustellen (wie wir knapp und präzise dazu sagen). Und schon »läuft Ihnen das Wasser im Mund zusammen«, wie die bekannte Redensart, sagt. Das heißt, schon stellt sich der Speichelfluß ein, auch wenn Sie tatsächlich gar nichts zu sich nehmen.

Das ist ein einfaches und treffliches Beispiel für die bedingte Reaktion des erworbenen reflektorischen Ablaufs in unserem Nervensystem und damit in unserem Organismus. In diesem Fall hat jeder von uns die Fähigkeit dazu schon in der frühen Lebenszeit erworben.

Es ist uns nur nicht bewußt. Diese bedingten Reflexe entdeckte übrigens der berühmt gewordene russische Physiologe Iwan Pawlow, wofür er 1904 den Nobelpreis für Medizin erhielt.

Was also willkürlich und direkt nicht möglich ist, erreichen Sie automatisch auf dem Umweg über die bildhafte Vorstellung, die das vegetative Nervensystem (das die unbewußt verlaufenden Lebensprozesse steuert) auf der Stelle beeinflußt. Anders ausgedrückt: Während wir mit unserem Willen in das vegetative Nervensystem direkt nicht eingreifen können, können wir es doch indirekt über die Vorstellung, die wir als Großhirnfunktion sehr wohl bewußt einzusetzen vermögen. Der psychophysische Mechanismus: seelisch-geistige bildhafte Vorstellung - körperliche Reaktion bewirkt es. Ergebnis: Wenn wir uns die Kraft der willkürlichen Vorstellung zunutze machen, können wir ständig wirksame Reflexreaktionen erwerben und so in unwillkürlich ablaufende Lebensvorgänge eingreifen. Oder noch knapper formuliert: Jeder Mensch kann durch willkürliche Vorstellungen unwillkürlich ablaufende Körperfunktionen beeinflussen.

Nur einen kleinen Schritt weiter liegt die Erkenntnis, daß die ständige Wiederholung der bildhaften Vorstellung mit ihren psychophysischen Folgen die Einübung und Verfestigung dieses Prozesses bewirkt. Schließlich stellt sich der reflektorische Ablauf im Nervensystem bis zur Endphase geradezu zwangsläufig und automatisch ein. Eine bestimmte Vorstellung, also die Hinlenkung des Bewußtseins auf einen bestimmten Zusammenhang, führt dann, wenn sich dieser psychologische Prozeß gleichsam in feste Gleise eingegraben hat, auch nahezu mit Sicherheit zu einem ganz bestimmten Ergebnis. So ist zum Beispiel von Schiller bekannt, daß er fast immer angefaulte Äpfel in seinem Schreibtisch hatte. Er ging soweit zu behaupten, daß er nicht gut arbeiten könne, wenn er sie nicht riechen würde. Vermutlich hatte er schon in seiner Jugend einmal eine auffallend gute Idee oder Inspiration, während er den Geruch faulender Äpfel in der Nase hatte.

Die »Erkenntnis« des Zusammenhangs zwischen diesem typischen Geruch und der geistigen Befruchtung endet dann nach einiger Zeit in diesem individuell erworbenen Reflex. Übrigens werden von Künstlern vielfach solche höchstpersönlichen reflektorischen Abläufe berichtet, die dann zuweilen einen gefährlich zwanghaften und manchmal schon tickartigen Charakter annehmen können.

Verschiedene Entspannungstechniken beruhen auf diesen bedingten oder erworbenen reflektorischen

Verbindungen in unserem Nervensystem: so auch das Autogene Training. Wesentlich ist dabei das ständige Üben der wichtigen Grundübungen, wobei die Zeitdauer immer kürzer werden kann. Aber die Abfolge der einzelnen Gedanken bzw. Vorstellungsbilder muß immer dieselbe sein. Durch diese ständige und konsequente Übung treten dann wie beschrieben sozusagen automatisch die entsprechenden körperlichen Folgen ein.

Ein treffliches Beispiel von erheblicher praktischer Bedeutung gibt eine bestimmte, im Kern sehr einfache Technik des raschen Einschlafens durch die Konzentration auf ein beruhigendes Vorstellungsbild. Die Leib-Seele-Einheit verlangt dabei das Einnehmen einer Körperhaltung, die eine totale oder annähernd totale Entspannung der Muskeln bewirkt. Dann konzentriert man sich gleichsam spielerisch - nicht forciert - auf ein durchaus beruhigendes Vorstellungsbild. Gewissermaßen klassische Arten davon sind:

1. Die Vorstellung, am Ufer eines Sees oder Flusses, am Strand des Meeres zu sitzen und auf die leichte Dünung des Wassers hinauszublicken. Wo immer man hinsieht: leichte gleichmäßige Wellen, die eine nach der anderen auf einen zulaufen, zum Beispiel auf den flachen Sandstrand auflaufen und unter dem Platzen kleiner Gischtblasen verlaufen. Im Ohr hat man nichts anderes als das immer wiederkehrende typische Geräusch dieses Vorgangs.

2. Die Vorstellung eines riesigen Getreidefeldes vor dem Schnitt: Der Wind streicht darüber hinweg und bewirkt das sanfte und nicht endende Wiegen und Wogen der unendlichen Fläche von schweren dunkelbraunen Ähren und Halmen. Vielleicht am fernen Horizont ein Bergzug. Rundum hochsommerliche Atmosphäre, Insektensummen, Stille.

3. Irgendeine Wiesen- oder Waldlandschaft von grüner Farbe, mehr oder minder hügelig, von harmonischem Charakter, bei nahezu totaler Stille, die höchstens dann und wann von einem Vogelruf durchbrochen wird.

4. Irgendeine beruhigende Landschaft, die einem aus der Jugendzeit oder von einem Urlaubserlebnis her ans Herz gewachsen ist, mit ähnlichen Eigenschaften wie unter Ziffer 3 geschildert.

Je mehr es einem gelingt, sich in der beschriebenen körperlichen Entspannungsposition dem Beruhigungsbild voll und ganz hinzugeben, um so rascher wird man in den Schlaf verfallen. Wer sich zu diesem Zweck immer das gleiche Bild vorstellt, mit immer dem gleichen Gedankenablauf, wird bald feststellen, wie sich dieser psychophysische Prozeß in ihm einspielt. Es bildet sich der reflektorische Ablauf mit der Wirkung aus, daß er immer rascher einschläft. Schließlich kann er gewiß sein, daß er auch bei unruhiger äußerer Umgebung in zwei bis drei Minuten einnickt.

Das gleiche Verfahren hilft natürlich auch beim abend-
lichen oder nächtlichen Einschlafen.

Das eine Beispiel soll genügen. In allen Spielarten
der konsequenten Autosuggestion spielt der »psychologische Mechanismus« des erworbenen Reflexes seine
entscheidende Rolle. Die richtige Autosuggestion, die
sich wohl am besten mit »gezielte Selbstbeeinflussung«
übersetzen läßt, verlangt:

- die eindeutig immer nur positive Formulierung des
  Ziels (also nicht: »Ich habe keine Angst mehr«, son-
  dern: »Ich bin ganz sicher und ruhig«),
- die geistige Vorwegnahme des erstrebten Ziels, des
  Erfolgs in der Vorstellung, und zwar in plastischen
  Einzelheiten, und damit die Aktivierung der Kraft,
  um den Organismus zu beeinflussen, und
- die hinreichend lange Übung: Erst sie sichert den
  Erfolg. Dieser Prozeß braucht seine geraume Zeit.
  Denn eine ausreichend lange, mindestens über
  mehrere Wochen gehende, tägliche konsequente
  Selbstbeeinflussung ist nötig, um die angestrebte
  Wirkung des reflektorisch gesicherten Ablaufs der
  inneren Vorgänge sicherzustellen.

Der erworbene Reflex ist für viele entspannungs-
und persönlichkeitsbildende Methoden wesentlich.
Jedoch spielt er keine Rolle bei den Techniken, die im
Hier und Jetzt wurzeln, die sich folglich stets an die
Realität des Augenblicks halten.

5. Die oberflächliche Rolle des bewussten Verstandes: Der Mensch als Gefühls- und Erlebniswesen

An dieser Stelle ist es für das Verständnis jeder Entspannungstechnik und jeder Spannungslehre unerläßlich, daß wir uns in einem psychologisch tieferen Sinn mit uns selbst beschäftigen, und uns den eigenartigen Aufbau der menschlichen Persönlichkeit mit seinen Gesetzlichkeiten klarzumachen versuchen, denen wir alle unterworfen sind. Die folgende Skizze veranschaulicht schematisch das Wesentliche.

Das Wesen des Menschen können wir uns symbolisch dargestellt denken in einem etwa gleichseitigen

Dreieck. Es steht auf einer seiner drei Seiten massiv im Raum und verjüngt sich nach oben hin immer mehr zu seiner Spitze. Leider müssen wir sofort einen Trennungsstrich quer durch das Dreieck hindurchziehen, und zwar ein gehöriges Stück nach oben hinauf versetzt. Er bringt das zum Ausdruck, was Goethe im Faust in die berühmt gewordenen Worte kleidete:

»Zwei Seelen wohnen, ach, in meiner Brust!
Die eine will sich von der andern trennen ...«

Jeder von uns kennt den Widerstreit dieser zwei Seelen in sich. Wir brauchen oberhalb dieses Trennungsstriches nur den Begriff des Bewußtseins zu setzen (Geist im engeren Sinn) und unterhalb den des Unterbewußten oder des Unbewußten (Seele und Leib), dann haben wir die psychologisch treffende Scheidelinie erfaßt. Alles was nicht in unserem ganz bewußten Auffassen der tausendfältigen Eindrücke unseres Lebens, was nicht in unserem ganz bewußten Denken, Disponieren, Berechnen, Vorausplanen, Wollen enthalten ist, befindet sich unterhalb dieses Trennungsstrichs.

Bauen wir den Menschen in seinen wesentlichen Schichten von unten her auf: In der tiefsten Tiefe unserer Natur liegt die animalische Grundschicht, die wir mit allen Lebewesen dieser Welt gemeinsam haben. Es sind zunächst unsere Sinne, die uns die Welt vermitteln. Sie sind die Basis unseres Erlebens und unseres Denkens. Was uns unsere Sinne nicht zuführen oder jemals zugeführt haben, das existiert

nicht für uns! Wer etwa einen beschränkten Farben-
und Formensinn hat, für den ist diese Welt viel weniger schön und interessant als für jeden anderen, der
ihm da überlegen ist. Sein einziges Glück: daß er es
nicht weiß, nicht wissen kann. Natürlich sind hier auch
unsere animalischen Grundtriebe beheimatet: Befriedigung von Hunger und Durst, Befriedigung unserer
Geschlechtsbedürfnisse, ohne die sich das Leben, auch
unser Leben, niemals hätte entwickeln können. Hier
liegen auch unsere Instinkte, diese Steuerungsorgane
für den Einsatz unserer Triebe in animalischer und in
jeglicher sublimierter Form, wie sie beim Menschen
hundertfach anzutreffen ist.

Unmittelbar über dieser tiefsten Grundschicht
bauen sich

die entscheidenden Grundantriebskräfte des
menschlichen Tuns und Lassens auf. Wir dürfen sie
getrost in drei Gruppen zusammenfassen:

- Die erste ist der Selbsterhaltungtrieb, der sich auch
  als Selbstbehauptungsdrang oder als Selbstdurch-
  setzungsverlangen in seinen vielen Spielarten
  äußert. Er hängt am engsten mit der Tatsache des
  animalischen Existierens in einer Welt zusammen,
  die nicht immer die freundlichste ist.
- Die zweite vielfach übersehene Gruppe von
  Antriebskräften baut sich um den Selbstentfal-
  tungsdrang herum auf, für den wir auch Selbstver-
  wirklichungsstreben sagen können. Jeder Mensch
  hat das Urbedürfnis, sich mit seinen ihm innewoh-
  nenden Kräften nach außen hin verwirklichen zu

können. Beobachten Sie nur kritisch die Ehe, die Erziehung, das Zusammenleben und -arbeiten in irgendeiner menschlichen Gruppe oder die Menschenbeeinflussung bei Verkauf oder Verhandlung. Dann wissen Sie sofort von der fundamentalen Bedeutung dieses Selbstentfaltungsdrangs.

- Und die dritte ergibt sich aus dem tiefverwurzelten Selbstbestätigungsverlangen eines jeden Menschen in seinen beiden Seiten: Der negativen, an den anderen Leuten immer gesehen und verurteilt, die wir Geltungsbedürfnis oder Eitelkeit nennen, mit ihren vielen Schattierungen. Und der positiven, die so oft mißachtet wird und für jede Beeinflussung von Menschen doch von unendlicher Bedeutung ist, dem schlichten Verlangen nach Anerkennung und Bejahung. Ohne die kaum irgend jemand ein auch nur halbwegs glückliches Leben führen kann.

Wann immer Spannungen zwischen Menschen auftauchen, führen sie am Ende auf die Mißachtung oder gar die Vergewaltigung dieser drei Grundantriebskräfte zurück. Sie brauchen es im praktischen Leben nur kurze Zeit konsequent zu beobachten, und Sie werden daraus rasch Ihre Folgerungen ziehen können. Sehr zum Glück und Vorteil von Ihnen selbst, ebenso wie der betroffenen Menschen.

In den Schichten, die sich in unserem Dreieck auf diesem Fundament unserer Persönlichkeit weiter nach oben hin aufbauen, machen sich nun die vielfältigen Interessen oder Strebungen, Neigungen, Triebfedern, Dränge - und wie wir sonst dafür sagen - bemerkbar.

Es gibt eine Fülle von materiellen und sinnlichen, von gefühlsmäßigen und geistigen Interessen. Was sind sie anders als immer nur besondere Erscheinungsformen unserer soeben beschriebenen Grundantriebskräfte? In der Welt unserer Wünsche, die noch mehr aus dem Dunkel unseres Unterbewußten nach oben hin in das Licht der bewußten Erkenntnismöglichkeit gerückt ist, wird uns ein kleiner Teil dessen erkenntlich, was uns ständig bewegt und antreibt. Deshalb finden Sie das Wort in unserem Schema nur im obersten Teil der Buchstaben oberhalb jenes entscheidenden Trennungsstrichs. Der weitaus größte Teil wird uns nicht bewußt, was aber an der bewegenden Kraft dieser Wünsche nicht das Geringste ändert.

Alles das, was unterhalb des Querstriches liegt, der unsere Persönlichkeit aufspaltet, dürfen wir getrost unter dem Oberbegriff der Gefühle zusammenfassen.

Immer wenn wir nicht wissen, was in uns vorgeht, warum wir etwas Bestimmtes denken oder empfinden oder möchten, sagen wir bezeichnenderweise:

»Ich habe das Gefühl...«, - zum Beispiel -

- »...daß mein Chef seit einiger Zeit etwas gegen mich hat.«
- » ...daß ein bestimmter Politiker von eloquentester Argumentation am Ende doch nur an seine Person denkt.«
- »...daß Herr X grundanständig und schwerbeweglich ist.«

- » ...daß ich mich jetzt nur wenige Minuten flott bewegen müßte, dann wäre ich wieder ganz anders da.«
- » ...daß ich jetzt eine ganz schwierige Sache anpacken sollte, und ich könnte sie schnell und gut erledigen.« usw.

Frage: Was spielt, wenn wir ein solches »Gefühl« haben, unser bewußtes Denken für eine Rolle? Die Antwort kann nur lauten: Gar keine oder höchstens eine ganz nebengeordnete. Das Gefühl gibt uns kund, was sich in unseren tieferen Schichten regt. Und die Auswirkung? Unser Verstand ist sofort im Sinn dieses Gefühls »vorprogrammiert«, wie man heute so treffend sagt.

In das kleine Dreieckchen oberhalb des Trennungsstrichs in unserem Schema, das dem breitgelagerten Gefühlsunterbau gleichsam nur aufgepfropft ist, gehört das hinein, worauf wir Menschen immer so stolz sind, und was wir heute im allgemeinen so maßlos überschätzen: unser Verstand. Genauer gesagt: unser bißchen Verstand. Denn gemessen an den Antriebskräften, die uns in Wahrheit bewegen, besitzen wir alle wahrhaftig nur ein bißchen Verstand! Die Sprache drückt es schon so treffend mit dem Begriff der Leidenschaft aus; diesem besonderen Wort für ein starkes und tiefes und nachhaltiges Gefühl. Sie beherrscht uns, sie reißt uns mit sich fort. In der Leidenschaft »erleiden« wir etwas. Da tun wir nicht, da werden wir getan! Es gibt so viele Leidenschaften, wie es echte Interessen und Antriebskräfte in uns gibt:

nicht nur die der Liebe oder des Sexus. Es gibt eine
Leidenschaft des Sammelns, des Erkenntnistriebs, der
Fürsorge, des Arbeitens, des Abenteuerns usw. usw.
Wenn uns eine Leidenschaft gepackt hat, dann sind in
diesem dunklen, reichlich geheimnisvollen Untergrund
unseres Wesens, in den wir nicht hineinschauen
können, unsere unterbewußten Antriebskräfte
erwacht. Sie reißen uns, d. h. das bißchen bewußte
Erkenntnis von uns selbst, mit sich fort. Unser Verstand ist dann von diesen Gefühlskräften gleichsam
weggeschwemmt. Was hat er noch zu sagen, wenn sie
in uns lebendig werden? Schiller läßt Wallenstein das
Wort sprechen:

> *» Hab' ich des Menschen Kern erst untersucht,*
> *so weiß ich auch sein Wollen und sein Handeln.«*

Des Menschen Kern sind seine Antriebskräfte. Es
ist niemals der Verstand. Wie kümmerlich sind doch
dessen Wirkungsmöglichkeiten, wenn sich die Gefühle
mit ihren starken Triebkräften, Wünschen und Sehn-
süchten rühren! Wie schwach erweist sich in dem ständigen Widerstreit von Herz und Kopf der Kopf, wenn
das Herz etwas zu erreichen strebt! Wie klein im Ver-
gleich zu den starken inneren Antriebskräften, d. h. zu
der vom bewußten Verstand zunächst noch ganz
ungeregelten »Energie«, ist doch unser bewußter
»Wille«! Er bedient sich dieser Energie, der Lebenskraft, und wird erst damit zur »Willenskraft«. Ja, Verstand und Wille sind auf weite Strecke doch nichts
anderes als nur die Helfer, die Diener dessen, was wir

»wollen«; das ausführende Organ. Präziser gesagt: dessen, wozu wir aus unseren untergründigen Antriebsschichten heraus getrieben sind. Wenn das Herz etwas will, findet der Verstand schnell eine Begründung. Umgekehrt gelten gegen Gefühle keine Verstandesargumente. Hat man aber die Gefühle eines Menschen auf seiner Seite, dann kommt sein Verstand in aller Regel von selber nach.

Schlußfolgerung: Machen wir uns doch frei von der unseligen Überschätzung des Menschen als eines Verstandeswesens, als eines logischen Wesens. Der Mensch ist kein Verstandeswesen, keine Ausgeburt der Logik. Er ist ein psychologisches Wesen: zu allererst ein Wesen aus Fleisch und Blut, ein Gefühlswesen, ein Erlebniswesen. Auf seine Gefühls- und Antriebs-schichten, auf sein Herz kommt es oft weit mehr an als auf seinen Verstand. Was nützt der noch so per-fekte einseitige, oft verbissene Kampf bloß um das Gehirn, um den Kopf eines anderen Menschen (der vielfach nur unnötige Spannungen herausfordert!)? Wer das Herz des anderen gewonnen hat, der hat ihn ganz und gar gewonnen. Der hat seinen Verstand von ganz allein mitgewonnen.

Schließlich liegen auch die menschlichen Überzeu-gungen nicht im Intellekt, nicht im Verstand begrün-det, sondern in der Tiefe des Gefühls. Wenn es wirk-lich echte, tiefverwurzelte Überzeugungen sind und nicht bloß als Überzeugung ausgegebene intellektuelle oder gar intellektualistische Ansichten. Sie kann man -

wie die bekannte Redensart sagt - wechseln wie ein Hemd. Die echte Überzeugung aber gewiß nicht.

Wer diese vielleicht einseitig erscheinenden Ausführungen in ihrer Richtigkeit bezweifelt, der möge sich einen Augenblick auf die Entwicklungsgeschichte des Menschen besinnen. Die Forscher sind sich heute weitgehend darin einig, daß man von einem Menschen als einem selbständig denkenden Wesen (das etwa Werkzeuge zu schaffen in der Lage war) erst seit relativ kurzer Zeit sprechen kann. Sein Alter wird je nachdem auf sechshunderttausend bis wenige Millionen Jahre geschätzt. Was ist das für eine geradezu lächerlich kleine Zeitspanne gemessen an der Entwicklung des Lebens in unserer Welt, die man mit rund zweieinhalb Milliarden, also zweitausendfünfhundert Millionen Jahren veranschlagen kann! Von der der Mensch doch nur die höchste Entwicklungsstufe darstellt. Allein diese Überlegung sollte die letzten Zweifel daran schwinden lassen, daß der Kern des Menschen nicht das späte Entwicklungsprodukt »Verstand« sein kann. Daß dieser seinem wahren Wesen vergleichsweise wahrhaftig nur aufgepfropft ist, und daß er im Kern nach wie vor ein Gefühls- und Erlebniswesen sein muß, getrieben von seinen Antriebskräften.

Selbstverständlich kommt die heutige Überschätzung des Verstandes nicht von ungefähr. Sie ist in der Tat sehr verständlich, wird doch in unserem, dem christlich-abendländischen Kulturkreis seit Beginn der großen naturwissenschaftlichen Entdeckungen in steigender Form immer nur eines gefragt: Intellekt, Wille, Leistung. In unserer einseitig naturwissenschaftlich orientierten Welt von heute muß immer mehr Verstand in immer kleinere Denkbereiche investiert werden, um noch weitere Fortschritte zu erzielen. Also schauen wir alle mehr oder weniger fasziniert immer nur auf den Verstand. Und wenn irgendetwas bei der heutigen Ausbildung ganz systematisch geschult wird, dann ist er es. Man möchte fast sagen: Vom ersten bis zum letzten Tag des Lebens. Dabei sind die Gefühlsunterschichten, z. B. die Lebendigkeit der Sinne, die Basis auch für jegliches Denken. Ganz zu schweigen davon, daß sie, in erster Linie nur sie, das ausmachen, was wir das Wohlbefinden, das Glück des Menschen nennen. Werden sie jemals irgendwo systematisch ausgebildet? Wenn überhaupt, dann allenfalls am Rand. Weshalb sollten sie auch ausgebildet werden? Sie stehen der Leistungsfähigkeit doch immer wieder im Weg. Sie sind ein Störungsfaktor! - Im Grund kann der westliche Mensch die Welt nur einseitig durch die Brille seines Verstandes sehen. Im Grunde muß er aus der Ausgewogenheit der Persönlichkeit, sozusagen aus der Mitte des Menschen herausgerissen, er muß» kopflastig« sein. Darf man sich dann auf der anderen Seite wundern über die steigende innere Unzufriedenheit des heutigen Menschen? Uns geht es materiell so gut wie noch nie, doch verspüren wir dabei das steigende Gefühl des Unbehagens.

Wenn für die meisten Menschen von heute der Verstand mit seiner Grundlage des begrifflichen, abstrakten Denkens die Krone des Menschseins darstellt, dann ist es höchste Zeit, sich über seine Grenzen schonungslos Klarheit zu verschaffen. Innerhalb seiner Grenzen ist der Verstand ein großartiges Werkzeug, und er bringt uns unendlichen Nutzen. Wenn wir ihn aber ohne Schranken auf den Thron erheben, machen wir uns zu seinem Sklaven. Wir werden von ihm in Fesseln gelegt und um unsere wahre menschliche Würde und Freiheit, um unser »Glück« gebracht. Wir werden an unserem Menschsein krank, und wir sind es in der Tat geworden. Der heute Lebende kann kaum noch die lebendige Schönheit der Natur, etwa einen selten schönen Sonnenuntergang, genießen: Fällt unser Auge zufällig auf einen in der Nähe vorbeifahrenden neuen Autotyp, dann sind Kopf und Herz bei der Technik. Fällt es auf einen im Abendrot dastehenden Wald, beginnen wir ein Selbstgespräch über den steigenden Preis von gutgewachsenem Holz. Selbst beim intimen Sexualerlebnis meldet sich sofort der alles beobachtende Verstand und »zersetzt« erfolgreich das tiefe Glücksgefühl der durch nichts eingeschränkten wechselseitigen Hingabe an den Partner. Der bewußte Verstand, das »Ich«, ist sofort zur Stelle und reißt das überwältigende Einssein auf zum bloßen Gebrauch zweier Körper. Instinktiv erfühlt man, daß man das Beste verloren hat. Dem jagt man dann durch häufigen Wechsel des beteiligten Körpers in der - vergeblichen - Hoffnung nach, es eines Tages doch zu finden.

So ist der Mensch von heute zum Sklaven der von ihm selbstgemachten Weltordnung geworden. Noch klarer gesagt: Er hat sich selbst dazu gemacht, ohne es zu ahnen, ohne es zu wissen. So degradiert er zum bloßen Funktionär einer Welt, die nur noch Zweck, oft nur Selbstzweck ist. Mit ihrer eigenständig gewordenen Gesetzlichkeit, der sich alles zu unterwerfen hat, in erster Linie der Mensch selber. Wir nennen sie jeweils Wirtschaftsordnung, Produktionsmethode, Unternehmen, Betrieb, Verband, Partei, Staat, Organisation. Über allem steht der omnipotente Begriff der Rationalität. Die starr von der Ratio, dem Intellekt, dem nüchternen Kalkül geprägten Ordnungen beherrschen uns.

Das Leben selbst wird »gemacht« und zu einer Art Gegenstand. Man kann es ja wie alle anderen Gegenstände auch mit berechnendem Verstand und mit »klarem, starken Willen« organisieren. So ist es heute, das Berufsleben allemal, weitgehend entpersönlicht, entmenschlicht und wird es im Zeichen der elektronischen Datenverarbeitung und der Computer oder Denkmaschinen immer mehr. Wo früher das persönliche Gespräch die Menschen miteinander verband, da herrscht heute das optische oder akustische Signal, die Kontrolluhr, ein Arbeitszettel, der automatische Zwang der Maschine oder des Fließbands, die abstrakte Zahl der Kennziffer. Der kalte Verstand, die seelenlose Rationalität herrscht in der Tat über den Menschen.

Und wenn er sich in seiner Individualität dem nicht beugt, dann stimmt eben an diesem Menschen etwas nicht. Dann muß man ihn zwingen oder - über ihn hinweggehen. Jetzt ist es ja seine »Schuld«. Warum kann oder will er sich auch der Gesellschaft und ihren notwendigen Forderungen nicht einfügen?! Wie sehr diese Welt, die wir uns geschaffen haben und auf die wir oft so stolz sind, eine unmenschliche Welt geworden ist, das merken wir zu unserem oberflächlichen Glück nur nicht mehr.

Unsere unbewußten Gefühlsbedürfnisse bleiben zutiefst unbefriedigt. Sie leiden an den seelisch unverdauten, sie gleichsam vergewaltigenden Erlebnissen des Alltags und revoltieren dagegen. Vergeblich sucht die unausgefüllte Seele nach Erfüllung, nach Glück und Geborgenheit, nach innerem Halt. Da sie das Gesuchte nirgends finden kann, täuscht sie sich im betriebsamen Abwechslungsbedürfnis geflissentlich über die eigene innere Leere hinweg. Was der heutige Mensch insgeheim am meisten ersehnt, findet er fast nirgendwo. So werden Unzufriedenheit und Angst, genauer gesagt: viele Ängste, seine ständigen Begleiter.

Und das Fazit dieser wenig positiven Betrachtungen, zu denen uns der eigenartige Aufbau der menschlichen Persönlichkeit hingeführt hat? Es sind absolute Gesetzlichkeiten, denen wir alle unterworfen sind: Wenn wir uns vom Druck des heutigen Lebens befreien wollen, wenn wir im echten Sinn wieder Menschen werden wollen, dann müssen wir uns freimachen von dieser Kopflastigkeit unseres Wesens. Dann müssen wir, soweit das nur möglich ist, in die Harmonie des Persönlichkeitsaufbaus zurückfinden. Dann müssen wir in unsere unbewußten Gefühls- und Antriebsschichten im rechten Sinn hineinzuwirken lernen. Nur dann können wir in uns das ändern und besser machen, was uns bedrückt. Nur dann können wir unser Leben in einem tieferen Sinn wieder lebenswert machen. Indem wir die königliche innere Freiheit wiedergewinnen, die uns auch in unserer Welt von heute immer noch verbleiben kann und die uns von außen niemand und nichts nehmen kann.

6. Von der Überwindung der Kopflastigkeit oder: Die Stufen unseres Bewußtseins

Es kommt also in erster Linie darauf an, daß wir uns von unserer Kopflastigkeit befreien. Je mehr uns das gelingt, um so mehr werden wir wieder das Glück der vollen Persönlichkeit erleben dürfen. Das, worum es hier geht, wird sich uns am leichtesten aufschließen, wenn wir uns zunächst die verschiedenen Bewußtseinszustände des Menschen klarmachen.

Nach den Darlegungen des letzten Kapitels wird das keine besonderen Schwierigkeiten machen. Sofern wir uns nur an die Realität menschlichen Lebens halten und nicht der Gefahr verfallen, uns in unrealistische mystische Gedankengebäude zu verlieren. Leider geschieht das gar nicht selten. Es führt dann zu Überlegungen und oft zu reichlich intellektualistischen Konstruktionen, die uns für die Praxis des Lebens wenig oder nichts bieten. Bleiben wir also bei der im Kern einfachen psychologischen oder psychologisch-anthropologischen Methode, die wir schon seither angewendet haben. Sie wird uns alles bringen, was im Rahmen des hier behandelten Themas für unser praktisches Leben wesentlich ist. Dabei lehnen wir uns an die Gedankengänge Ouspenskys[1] an, die in hohem Maß die Ereignisse unserer eigenen jahrelangen

---

[1] D. Ouspensky: »Vom inneren Wachstum des Menschen - Der Mensch und seine mögliche Evolution, eine psychologische Studie.« (Weilheim/Oberbayern 1965)

Bemühungen um diese Hintergründigkeit der persönlichkeitsbildenden Techniken wiedergeben.

Zunächst eine Vorbemerkung: Gehen wir in
Anlehnung an unser im Einzelnen besprochenes Dreieck mit dem Trennungsstrich von den zumeist
gebräuchlichen Bezeichnungen aus, dann können wir
die zwei »Seelen«, die da, ach, in unserer Brust wohnen
(Goethe), als das ICH und das ES (Ich handle. Aber *es*
bildet sich ein Gefühl in mir.) kennzeichnen. Das
bewußte ICH liegt oberhalb jener bedeutungsvollen
Trennungslinie. Es umschließt, wie das Schema auf
Seite 97 zeigt, Verstand und Wille, die aus der Fähigkeit des begrifflichen Denkens, des Abstandnehmens
von sich selbst, erwachsen. Das unbewußte ES ist die
Basis für das ICH. Es liegt unterhalb des Querstriches
und umgreift die vielfältige Welt unserer Erlebnisse
und Gefühle. Hier die denkbar einfachste Form der
Darstellung:

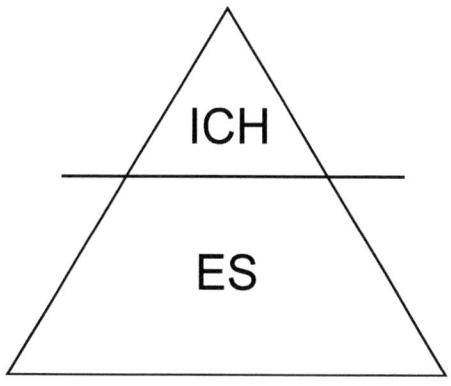

Nun zum ersten und zu dem Bewußtseinszustand, den wir als solchen kaum empfinden, weil er eine tägliche Selbstverständlichkeit unseres Lebens darstellt und als Bewußtseinszustand denkbar unproblematisch ist. Es ist der Schlaf, in dem unser bewußtes ICH ausgeschaltet ist. Wir sind ganz passiv und durch das ausgeschaltete Bewußtsein durch und durch ein subjektiv-animalisches Wesen. Allenfalls hinterlassen die regellosen Träume und die zufälligen Sinnesempfindungen bescheidene Spuren, die wir hier vergessen dürfen. Diesen Zustand gibt das folgende Schema wieder, bei dem der Trennungsstrich nach oben hin aus dem Dreieck verschwunden ist.

Der ganze Mensch ist im Erleidenszustand des ES:

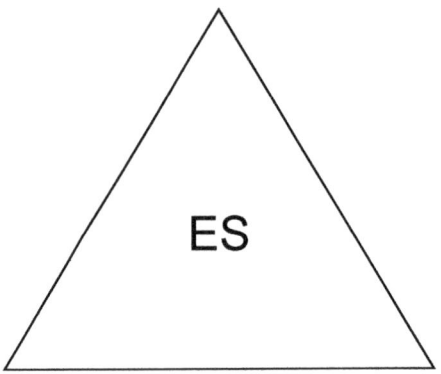

Im Wachzustand ist es in den Augenblicken - wahrhaftig nur Augenblicken - höchsten Glücksgefühls übrigens ganz ähnlich! Wie überhaupt die Höhe des Trennungsstriches selbstverständlich je nach Gefühlszustand und Verstandesbetonung beim einzelnen Menschen schwankt. Die individuell jeweils gewählte Höhe kann immer nur eine durchschnittlich gültige Angabe sein.

Zweitens gibt es den Zustand unseres Bewußtseins, den wir als den normalen empfinden: unser gewöhnlicher Wachzustand, zumeist Wachbewußtsein genannt. Hier unterscheiden wir, wie in der Vorbemerkung soeben ausgeführt, ICH und ES. Das ICH hat sich jetzt über das ES erhoben. Es ist ein selbständiger Faktor.

Lesen Sie bitte den vorletzten Absatz noch einmal durch. Das Schema ist faktisch das gleiche wie dort:

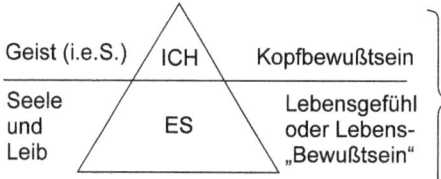

Es läßt sich indessen sofort um einen wesentlichen Schritt erweitern: Oberhalb des Trennungsstriches liegt die Welt der Gegenstände, die wir mit unserem Kopfbewußtsein erfassen. Unterhalb befindet sich sozusagen das natürliche Element des Lebens (auf dem der Geist in uns ja nur aufbaut), nämlich die Welt unserer Erlebnisse, denen wir preisgegeben sind. Unterhalb ist also unser Lebensgefühl, unser Lebens- oder Spür-«bewußtsein«, um es so zu nennen. (Lediglich der Mangel am geeigneten Denkbegriff in unserer Sprache nötigt zum Gebrauch dieses an sich widersprüchlichen Wortes, das im Sinn des allgemeinen Sprachbrauchs aber wohl noch das geeignetste ist). Kopfbewußtsein und Lebensgefühl zusammen bewirken unser normales Bewußtsein, zumeist - fälschlicherweise, wie wir gleich sehen werden - Wachbewußtsein genannt. Wir werden es treffender gleich als das subjektive Bewußtsein bezeichnen.

Jetzt ist nämlich eine außerordentlich bedeutungs-volle Einschränkung notwendig. Der durchschnittliche Mensch glaubt an sein Wachbewußtsein, das heißt daran, das er sein Leben bewußt lebe und sein Leben bewußt »mache«. Daß er in Wahrheit mindestens in einem hohen Maß aus dem Unbewußten heraus gesteuert wird, daß er also gelebt wird, das wider-spricht dem äußeren Schein. Außerdem verträgt es sich nicht mit seiner vielzitierten Würde, und schon deshalb will er es nicht wahrhaben. Es ist hier nicht der Platz, die alte philosophische Streitfrage zu erörtern: Hat der Mensch wirklich einen freien Willen, oder bildet er sich das nur ein? Die Deterministen ver-treten bekanntlich die Auffassung, daß die Willens-handlungen kausaldeterminiert, also dem Gesetz von Ursache und Wirkung unterworfen seien und daß demgemäß das Gefühl der Willensfreiheit nur eine Täuschung sei. Während die Indeterministen eben diese Willensfreiheit bejahen. Wir können dieser Streit-frage hier nicht im Einzelnen nachgehen, und wir brauchen es auch gar nicht. Fest steht, daß mindestens ein sehr viel höherer Teil unserer sogenannten Wil-lensentscheidungen, als man gemeinhin glaubt, aus unserer eigenen Wesensart (die sich aus der indivi-duellen Anlage und der Summe der individuellen Ver-haltensweisen ausbildet, wie sie die ständig Reaktionen fordernde Umwelt prägt) und aus den äußeren Lebensumständen »vorprogrammiert« ist. Darüber ist man sich wohl allgemein einig. Und das genügt für den vorliegenden Zusammenhang völlig.

Wenn das also so ist, dann wird der Mensch in der Tat mindestens in einem hohen Maß aus dem Unbewußten und damit aus seinem subjektiven ES heraus gesteuert. Er »wird« also zum Großteil »gelebt«. Deshalb finden Sie in dieser zweiten Bewußtseinsstufe sozusagen das kleine ICH verzeichnet, das im Kern noch subjektive ICH, das uns täuschende ICH. An dieser Erkenntnis führt für den, der sie nicht verdrängen will, kaum ein Weg vorbei. Jetzt erklären sich schlagartig die vielen inneren Widersprüche und Unausgewogenheiten im Menschen selbst und im äußeren Zusammenleben der Menschen. Anders und noch schärfer (in Anlehnung an Ouspensky) ausgedrückt: Der Mensch lebt und handelt gewissermaßen im Schlaf, er weiß nur nicht, daß er schläft. Deshalb nennt Ouspensky diesen zweiten Bewußtseinszustand auch den »wachen Schlaf« oder das »relative Bewußtsein«. Wir können ihn ebenso treffend auch das »subjektive Bewußtsein« nennen. Das Wichtigste: Bevor der Mensch das nicht erkannt hat, wird er niemals in den wirklichen Wachzustand kommen können.

Der dritte Bewußtseinszustand ist das Bewußtsein seiner selbst. In dieser Stufe hat man sich aus dem zweiten, dem subjektiven Zustand herausgehoben. ICH und ES sind nicht mehr durch eine starre durchgehende Trennungslinie voneinander getrennt. Die Trennungslinie ist durchlässig (»transparent«) und in unserem Schema daher nur noch gestrichelt dargestellt. ICH und ES sind mehr oder minder integriert, sie durchdringen sich wechselseitig. Das kleine ICH, das im Kern noch subjektive, uns täuschende ICH der zweiten Bewußtseinsstufe, ist jetzt nicht mehr vom ES getrennt. Es steht nicht mehr im Gegensatz zu ihm.

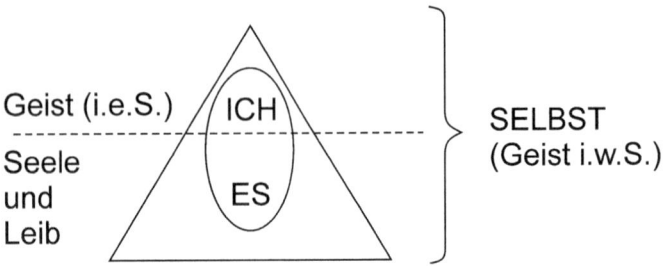

Es steht nicht mehr das eine Mal erhaben über ihm, um es zu beherrschen und zu versklaven, und es wird das andere Mal nicht mehr von ihm wegge-schwemmt, wenn die Leidenschaft dem ES die Kraft und den Schwung dazugibt. Das ICH ist jetzt mit dem ES mehr oder weniger innig verbunden. Es bildet mit ihm viel eher eine Einheit, eine echte harmonische Einheit. Das Kopfbewußtsein wird von den elemen-taren Lebenskräften durchdrungen und dringt seiner-seits tief in das Lebensgefühl ein, es »lebt« das Leben ungleich tiefer mit. Das ICH verbindet sich also mit dem ES zum SELBST, wenn wir diesen Ausdruck, der sich weitgehend dafür eingebürgert hat, auch hier gebrauchen wollen. Anders ausgedrückt: Das kleine ICH wird jetzt, indem es sich mit dem ES zur Einheit verbindet, sozusagen zum großen, zum echten, zum wahren ICH, das wir eben SELBST nennen. Der Geist im engeren Sinn als die Keimzelle des kleinen ICH geht jetzt auf im großen ICH, dem SELBST, dem Geist im weiteren Sinn.

Wenn im vorigen Kapitel so sehr die Tatsache herausgestellt wurde, daß der Mensch in Wahrheit ein Gefühls- und Erlebniswesen ist, so gewinnt diese Feststellung jetzt im Zeichen der dritten Bewußtseinsstufe eine höhere Dimension. Alles, was der Mensch erlebt, verwandelt ihn in irgendeiner Form. In der zweiten Bewußtseinsstufe sind dieses Erleben und diese Verwandlung oft mit den uns allen bekannten Konflikten zwischen dem ES (z. B. das Lebensgefühl oder -"bewußtsein": »Wie schön!«) und dem ICH (z.B. das Kopfbewußtsein: »Du darfst nicht!«) verbunden. Jetzt aber gibt es kein aufgeblasenes, kein tyrannisches ICH mehr, das sich etwa zum Richter über das ES erhebt. Jetzt ist das ICH eingeschmolzen in das harmonische ICH-ES-Bewußtsein des SELBST.

Das Lebensgefühl oder Spürbewußtsein, das ja alles menschliche Leben und mit ihm auch das ICH trägt, wird befreit aus der Statistenrolle, in die es das überhebliche Kopfbewußtsein hineindrängte und hineinzwang. Es spielt wieder die Hauptrolle, aber ohne daß ihm das ICH deshalb gram sein müßte. Jetzt wird der Mensch bewußt eins, eine geschlossene Einheit. Die Quellen seines Wesens und seiner Kraft können frei fließen und ihn zur höchsten Entfaltungsmöglichkeit seiner selbst wachsen lassen. Jetzt erst kann er tun, was er denkt; jetzt kann er denken, was er tut. Aber voll und ganz! Jetzt kann er seinen Geist (der die Gesamtpersönlichkeit durchdringt) auf einen

Punkt sammeln, aber mit der gesammelten Kraft seiner gesamten Persönlichkeit, die restlos dahintersteht.

Hier noch kurz der Hinweis auf den vierten und letzten Bewußtseinszustand, der für den durchschnittlichen Menschen in dieser Welt faktisch nur von theoretischer Bedeutung ist: das objektive Bewußtsein (Ouspensky). Es hat das transparente, das durchgängig gewordene SELBST oder das objektive SELBST zur Voraussetzung.

Seine Darstellung:

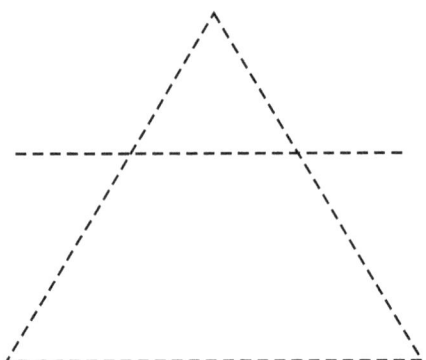

So wie in der dritten Bewußtseinsstufe die Trennungslinie zwischen ICH und ES durchgängig wird, so wird jetzt das ganze menschliche SELBST durchgängig zur Außenwelt hin. Es ist der Zustand der totalen Offenheit für die Welt und das Universum, in dem wir leben. Der Kontakt zur Welt der objektiven, realen Gegebenheiten ist ungehindert möglich. Die täuschenden Sinne und die subjektiven Gefühls- und Bewußtseinszustände, die den Blick dafür verbauen, sind verschwunden. Der Blick hinter die äußeren Fassaden unserer Welt wird frei. Diese vierte und allerhöchste Stufe überschreitet nach allem, was wir Menschen wissen, nahezu die Grenzen unseres Menschseins. In unserem Kulturkreis und in unserer Zeit ist es außerordentlich schwer, diesen Bewußtseinszustand jemals zu erreichen. Er käme einem gelebten Satori gleich: dem Einswerden des Individuums mit der Unendlichkeit des Universums. Selbst Anfänge davon mögen uns nur dann zuteil werden, wenn wir die dritte Stufe des Bewußtseins unseres SELBST in höchster Vollendung erreicht haben sollten. Ist doch schon das nahezu jenseits dessen, was Durchschnittsmenschen zu erreichen hoffen dürfen!

Was können wir nun tun, um auf den richtigen Weg zur dritten Bewußtseinsstufe zu gelangen und auf ihm Schritt für Schritt voranzukommen? Wir müssen bestrebt sein, unser ICH zu »zermürben«, d. h. in unsere Gesamtpersönlichkeit zu integrieren. Gleichzeitig müssen wir unserem ES die »Ketten wegnehmen«. Dann wird es uns viel leichter, ja erst möglich sein, unser wahres SELBST zu finden. Eine wertvolle Hilfe dazu ist z.B. die Meditation.

Mit der steigenden Einarbeitung des ICH/Befreiung des ES in diesem Sinn entfaltet sich die volle Persönlichkeitskraft. Die Kraft des Menschen, der sich in dieser Welt, der er anheimgegeben und von der er Teil ist, trotz allem zutiefst geborgen fühlen darf. Denn er weiß: Was auch immer geschieht, es ist gut, und er darf sich ihm anvertrauen. Er bekommt größere Selbständigkeit und Sicherheit im Denken. Er ist weniger nach außen gerichtet in seinem Denken und Handeln. Er ruht in ganz anderer Weise in sich und gewinnt deshalb stark an echter innerer Autorität, die nach allen Seiten ausstrahlt. Der religiös Eingestellte kann sich von Grund auf neu beleben: Der Jesuit P. Lassalle sagt so schön, daß Zen Meditation in der Tat sein Christentum durchblutet habe.

Er bleibt mit dem Schwerpunkt seines Wesens in seiner gesunden Mitte. Nur hier kann der Mensch seine wahren Kraftquellen haben. Beim Kopflastigen ist der Schwerpunkt aus der gesunden Mitte heraus ein gehöriges Stück zu weit nach oben ausgewandert. Der einseitig aufgeblähte Kopf bekommt viel zuviel Gewicht. Es fehlt ihm an tragendem Grund, am festen, massiven Fundament. Je mehr sich der Mensch von seiner Kopflastigkeit befreit, desto mehr kommt er zurück in seine Mitte.

Mit dieser Überwindung seiner Kopflastigkeit, mit der Rückkehr zu den wahren Quellen seiner Kraft findet auch der Mensch von heute wieder zurück zur vollen, zur fest fundierten Persönlichkeit und damit zur echten Gelassenheit. Denn er (im Sinn der Gesamtpersönlichkeit) kann sich (den Kopf) »lassen«, ohne deshalb von ihm verlassen zu sein. Weil er im Gleichgewicht, weil er im Lot ist. Er ist im Ausgleich von Spannung und Lösung seiner Kraft: hochgespannt, wo er den letzten Rest seiner Kraft einsetzen muß, und dann wieder voll gelöst in der Hingabe an seine Erlebnisse. Er ist aber nie im Wesen überspannt.

In seine Mitte zurückzufinden bedeutet, von allein den gesunden Spannungsausgleich zu gewinnen.

Der persönliche Einsatz des Einzelnen

»Das Herz hat eine Vernunft,
die der Verstand nicht kennt.«
(Pascal)

»Jede Kraft, die nicht gesammelt ist,
ist unvollkommen.«
(Meister Eckehart)

1. Zusammenfassung des Wichtigsten

Der Mensch ist zum Sklaven der von ihm selbst gemachten Weltordnung geworden. Das allgegenwärtige Ordnungsprinzip des Geistes hat bald alles und jedes im Leben dieser Welt erfaßt und in seine seelenlose Rationalität hineingezwungen. Das Leben selbst wird »gemacht« und organisiert. Die Bedürfnisse des lebendigen Lebens, unsere unbewußten Gefühlsbedürfnisse bleiben zutiefst unbefriedigt. Sie leiden an den ständigen Vergewaltigungen durch den Verstand. Wir sind »kopflastig« geworden. Unser Kopfbewußtsein, das ICH, beherrscht weitgehend unser Lebensgefühl, unser Spürbewußtsein, unser Lebensbewußtsein, das ES. Ja, es hat sich das ES geradezu versklavt.

Wer Mensch im eigentlichen, im vollen Sinn der in uns schlummernden Möglichkeiten werden will, muß sich zunächst freimachen von seiner Kopflastigkeit. Der Verstand darf das Gefühl nicht beherrschen und das kleine ICH darf das ES nicht versklaven - beide müssen innig miteinander verbunden werden. Sie müssen sich wechselseitig durchdringen und weitgehend zur Einheit werden. Dann lebt das Kopfbewußtsein das Leben, das ihm die Gefühlsunterschichten vermitteln, in einem ganz anderen Sinn echt mit. ICH und ES verbinden sich zum SELBST oder zum großen, zum wahren ICH. Anders ausgedrückt: Der Geist im engeren Sinn, der der Kern des kleinen ICH ist, geht auf im großen ICH, dem SELBST, dem Geist im weiteren Sinn: Der ganze Mensch wird durchlebt und durchgeistet. Jetzt hat die Persönlichkeit aus ihrer ganzen, ihrer geschlossenen Kraft heraus ganz andere Wirkungs- und Entfaltungsmöglichkeiten. Es ist eine höhere Stufe des Menschseins.

Wie können wir dahin kommen? Nur durch die Befreiung des geknechteten ES und durch die Einordnung des überheblichen ICH in das Ganze.

Überall hört man heute in der westlichen Welt das Schlagwort von der Entspannung. Da, wo so viele »über«-spannt sind, ist es verständlich, daß man sein Heil in der »Ent«-spannung sucht. Zuweilen kann man den Eindruck gewinnen, daß die Entspannung um ihrer selbst willen betrieben wird, daß sie ein Wert an sich sei. »Relax«, »Entspanne dich«, heißt die Parole, und schon scheint alles gut zu sein. Dabei sind sich nur die wenigsten darüber klar, was Entspannung - soll sie die gewünschte Wirkung haben - wirklich bedeutet. Und daß doch immer nur der höchstindividuelle Spannungszustand des einzelnen Ausgangspunkt und zugleich Ziel der Bemühungen sein kann. Das Ziel ist für den Denkenden in jedem Fall ganz eindeutig: Soll der Mensch gesund sein, muß er sich im Spannungsgleichgewicht befinden, d.h. im Ausgleich der beiden Wirkungsfaktoren von Spannung und Lösung seiner Lebenskraft, die seinen Spannungszustand bestimmen. Dann kann er da, wo es nötig ist, gespannt sein bis zum äußersten, und andererseits voll gelöst, unbekümmert-natürlich, dem Augenblick hingegeben.

2. Der Standort des Einzelnen

Wichtig für den Menschen, der sich um die richtige Arbeit an sich selbst bemüht, ist zunächst einmal festzustellen: Wo ist mein Standort, wo befinde ich mich im Rahmen der Spannungsskala? Das einigermaßen genau festzustellen mag in manchem Einzelfall ohne die Hilfe eines auf diesem Gebiet erfahrenen Menschen nicht leicht sein. Vor allem, wenn man sich bewußt oder unbewußt einer angenehmen Selbsttäuschung hingeben sollte. Sie haben jedoch eine Reihe von einfachen Möglichkeiten zur Verfügung, Ihren individuellen Spannungszustand oft rasch zu erkennen:

• Fällt Ihnen das Ausspannen, das Abschalten von Ihrem üblichen Aufgabenkreis schwer? Je mehr es so sein sollte, umso mehr befinden Sie sich auf der Minusseite der Spannung.

• Spüren Sie immer wieder einmal Spannung in sich, so daß sie Ihnen bewußt wird? Wenn ja, ist das Überspannung, denn die normale, gesunde Spannung fühlt man nicht als etwas Besonderes. Spüren Sie die Spannung ständig oder häufig, dann sind Sie gewiß schon in der gestauten Spannkraft, in der Verspannung. Ist es nur gelegentlich der Fall, wird Ihnen die nächste Frage weiterhelfen.

• Können Sie auf der einen Seite hochgradig konzentriert, also hochgespannt sein und auf der anderen alles total vergessen, also völlig entspannen? Wobei gelegentliche Ausnahmen in besonderen Fällen nicht schwer wiegen, sie »bestätigen die

Regel«. Dabei ist auch die Gewöhnung an die besondere Art der Konzentration wichtig: Zum Beispiel kann die höchste Konzentration eines ungeübten Redners auf eine nur einstündige Rede bis zu ihrer Auflösung vielleicht einen ganzen Tag brauchen, während der auf seinem besonderen Gebiet hochtrainierte Redner sechs Stunden lang reden und sich in einer halben Stunde regenerieren kann. Es muß also immer an das Verhältnis von Spannung und Lösung gedacht werden. Wie beurteilen andere, unverbildete Menschen, die Ihnen ehrlich ihre Ansicht sagen, Ihre Bewegungsweise? Schwungvoll-leicht-gelöst und gleichzeitig doch verhalten-fest-gespannt oder verspannt-gezwungen, wenn auch nur in einzelnen Körperpartien oder weich-lasch, also das Gegenteil von straff?

• Versuchen Sie zu klären, wo, d.h. auf welchem Interessengebiet, Sie eindeutig oder eher gespannt und wo Sie eindeutig oder eher gelöst sind. Sie werden daraus möglicherweise auch einen wertvollen Hinweis auf die Echtheit Ihrer Interessenlagerung bekommen. Freilich mag dazu schon ein erfahrener Berater notwendig sein: ein charakterkundlich beschlagener Psychologe oder ein Mensch von viel Einfühlungsvermögen und einem hinreichenden Überblick über die Vielfalt der menschlichen Interessen oder Motive.

3. Was ist zu tun?

Habe ich meinen Standort einigermaßen treff-sicher ermittelt, tut sich die entscheidende Frage auf: Was soll ich nun in meinem besonderen Fall tun, wel-cher Technik soll ich mich zuwenden? Wer dieses Buch aufmerksam gelesen hat, wird kaum Schwierig-keiten haben, die richtige Antwort für sich zu finden. Natürlich ist in ganz besonderen Fällen der Ratschlag eines über der Sache stehenden erfahrenen Menschen außerordentlich wertvoll und vielleicht durch nichts zu ersetzen.

Das einzig Wichtige: Es ist immer leichter, über eine Sache etwas mehr oder weniger Interessantes zu lesen und darüber klug zu reden, als etwas zu tun. Aber auf das Tun kommt es einzig und allein an. Also auf das praktische Üben der von Ihnen ausgewählten Methode, darauf, sich im eigentlichen Sinn persönlich zu engagieren. Im Zweifelsfall üben Sie das, wozu Sie gerade mehr Lust haben. Beschränken Sie sich nicht auf die schulmäßigen Übungen, sondern tragen Sie das meditative Tun in Ihren Alltag! Denken Sie immer an die viele Jahrhunderte alte Zen-Weisheit:

»TUE, WAS DU TUST.«

Sie werden rasch die Kraft in sich verspüren, die Ihnen gerade daraus erwächst. Ohne irgendeinen extra Zeitaufwand. Alles wird Ihnen leichter werden. Nicht umsonst lautet einer der wichtigsten Arbeitsgrund-sätze für Führungskräfte: Immer nur eine Sache auf einmal machen, diese aber ganz, auch wenn sie im Augenblick Ihre Zeit kostet. Und eine alte Volksweisheit, die in unserer hektischen Zeit vergessen zu werden scheint, besagt: Niemand kann zwei Herren dienen. Niemand kann zwei Dinge gleichzeitig tun. Wer es versucht, macht keines richtig und verliert eine Menge Kraft dabei. Tragen Sie also z.B. die Meditation in Ihren Alltag - Es lohnt sich hundertfältig. Es ist immer meditatives Tun, das Sie sowohl am Körper als auch an Seele und Geist weiterbringt. Weniger die reine Übungszeit als das Bemühen, Ihren Alltag als ständige Übung zu sehen, bringt Sie weiter.

Um diesen wohl wichtigsten aller Punkte so deutlich wie nur möglich zu machen, hier noch einige ganz konkrete Beispiele aus dem täglichen Leben:

- Wenn Sie morgens aufstehen, dann tun Sie es bewußt: Fühlen Sie Ihre Füße am Boden. Seien Sie mit Ihren Gedanken ganz dabei, wenn Sie sich auf die Füße stellen, damit Sie dann den ganzen Tag über »mit beiden Beinen im Leben stehen« können. Ebenso, wenn Sie nun den üblichen Gang zur Toilette und zu den gewohnten Morgenverrichtungen antreten. »Tue, was du tust!«
- Diese gewohnten Morgenverrichtungen bringen die meisten Menschen eben so gewohnheitsmäßig hinter sich, ohne mit ihren Gedanken dabeizusein. Die Gedanken sind schon im Büro, beim Frühstück, im Haushalt, bei den Kindern oder sonstwo. Und schon ist man wieder innerlich zerrissen, kaum daß der Tag begonnen hat. Wenn Sie sich z. B.

morgens rasieren, dann achten Sie bitte zu allererst auf den richtigen Stand. Sehen Sie dabei Ihr Bild von einem Spiegelrand auf den anderen zuwandern, dann wissen Sie sofort, daß Sie »keinen festen Standpunkt« haben: Sie können ihn sofort, immer wieder, korrigieren. (Es wird mit der Zeit weniger und weniger nötig sein!) Wenn Sie mit Ihrem Elektrorasierer auf der linken Wange angekommen sind und sich plötzlich fragen: »War ich eigentlich schon richtig an meiner kritischen Stelle mit dem verwachsenen Wirbel da rechts, oder bin ich nur so darüber hinweggefahren?«, dann wissen Sie, daß Sie nicht getan haben, was Sie taten. Sie waren nicht bewußt in jeder Bewegung, Sie waren mit Ihrem Denken woanders! Sie können es sofort, immer wieder, korrigieren, und das wird mit der Zeit immer weniger nötig sein. - Und wer als Frau die verschiedenen Handgriffe der üblichen Morgentoilette macht, hat sinngemäß das gleiche Problem. Es sieht keinen Deut anders aus: »Tue, was du tust!«

• Wenn Sie frühstücken, zu Mittag oder Abend essen, dann essen Sie bitte nur und denken nicht gleichzeitig an irgendetwas anderes: ein schönes Erlebnis, eine berufliche Sorge, einen nichterfüllten Wunsch, eine bevorstehende Besprechung, das gestrige Fernsehstück. Jetzt wird gegessen und nichts anderes getan. Seien Sie also ganz dabei: bei jedem Bissen, beim Kauen, beim Schlucken usw. Mindestens immer dann, wenn Sie allein essen, im Büro oder auf einer Reise, können Sie das ohne Schwierigkeit tun. (Wenn Sie in Gesellschaft mit anderen etwas zu sich nehmen, wird es natürlich nicht so leicht zu machen sein.) Gerade dieses tägliche mehrmalige »Sammeln des Geistes auf einen Punkt« in dieser Art des Essens wird Ihnen bald zur wertvollen Gewohnheit. Davon abgesehen, daß Ihnen das Essen viel besser bekommen muß, als wenn Sie es gedankenlos in sich hineinessen oder gar -schlingen.

- Bei der Arbeit am Schreibtisch oder im Haushalt, soweit Sie sitzen, zuerst immer an den richtigen Sitz denken. Was immer Sie tun, ob eine wichtige oder unwichtige, eine gern oder ungern gemachte Tätigkeit: Tun Sie ganz, was Sie tun. Seien Sie mit Ihrem Bewußtsein in jedem Handgriff, in jeder Bewegung - und nur da. Keinerlei innere Zerrissenheit oder Zerstreutheit der Kräfte zulassen.

- Ein typisches Beispiel: Sie sitzen, in eine wichtige Arbeit vertieft, an Ihrem Schreibtisch und freuen sich über die ausnahmsweise ungestörte fruchtbare Stunde. Da schreckt Sie das Rasseln des Telefons auf: Ihre Sekretärin hat trotz anderslautender Weisung ein Gespräch durchgeschaltet. Was geschieht jetzt üblicherweise? Man nimmt den Hörer ab, voll Unmut über die Störung, da man gerade eine schwierige Formulierung im Kopf, aber noch nicht auf dem Papier hatte, ist halb bei dem bearbeiteten Vorgang, um den guten Gedanken nicht zu verlieren und halb beim Telefongespräch, d. h. bei dem Menschen am anderen Ende des Drahtes. Ergebnis: Bei der typischen Zerrissenheit ist nachher der gute Gedanke weg, und das Telefongespräch endet auch nicht nach Wunsch. Unnötige, manchmal schon peinliche Rückfragen werden nötig. Zurück bleiben Mißgestimmtheit und Enttäuschung. - »Tue, was du tust!« - Notieren Sie beim störenden Läuten des Telefons rasch noch das Stichwort des guten Gedankens. Er ist jetzt gesichert. Und dann heben Sie den Hörer ab und sind hundertprozentig beim Gespräch. Der andere spürt sofort, ob Sie nur halb oder ganz bei der Sache sind. Entsprechend endet die Unterredung. Dann notieren Sie in Ruhe die paar Stichworte für die spätere Erledigung dieser Sache. Bis jetzt waren Sie ganz beim Telefonieren. Und jetzt schalten Sie geistig ganz zurück zur unterbrochenen Arbeit, nehmen das notierte Stichwort über den weiteren Vorgang auf und sind jetzt wieder hundertprozentig bei dieser Arbeit. Und was bleibt jetzt zurück? Der ganze Mensch mit seiner ganzen Kraft!

- Ist Ihnen das auch schon passiert: Sie gehen am Sonntag mit Ihrer Frau spazieren. Ihre Gedanken sind mindestens zwischendurch immer wieder einmal bei einem beruflichen Problem. Da hören Sie Ihre Frau sagen: »Du schaust schon wieder so gläsern in die Ferne. Sitzt du wieder in deinem Büro?« - »Tue, was du tust!« - Wenn Sie in Ihrem Büro sind, dann voll und ganz! Und wenn Sie mit Ihrer Frau spazierengehen, dann voll und ganz und nicht nur halb!

- Ein anderes typisches Beispiel: Sie spielen mit Ihren Kindern oder lesen ihnen ein Märchen oder eine für Kinder spannende, für Sie selbst langweilige

Jugendgeschichte vor. Dabei denken Sie immer von neuem an den Tisch da drüben, wo eine wichtige und eilige Sache auf Sie wartet. Also sind Sie weder beim einen noch beim anderen. - »Tue, was du tust!« - Wenn Sie sich mit Ihren Kindern beschäftigen, dann tun Sie es bitte ganz. Oder tun Sie es gar nicht. Die Kinder merken rasch, ob ihr Vater oder ihre Mutter ganz oder nur halb bei ihnen sind. Dann seien Sie also ganz bei Ihren Kindern, vielleicht etwas weniger lange, aber hundertprozentig, um im Anschluß ganz bei der geistigen Arbeit zu sein! - Wenn die Kinder dann stören, genügt der einfache Hinweis: »Du siehst, jetzt bin ich bei dieser Sache hier, und zwar ganz, da kann ich nicht gleichzeitig bei dir sein. Gedulde dich ein wenig, dann werde ich zu dir kommen, und dann werde ich auch ganz bei dir sein.«

• Zuletzt noch ein Wort zum Autofahren: Entweder ich fahre Auto, oder ich unterhalte mich mit dem Beifahrer oder höre Radio! Wie viele Unfälle passieren Tag für Tag nur deshalb, weil ein Fahrer gleichzeitig beides tut, und das heißt: keines von beidem richtig tut. Stichwort: »Tue, was du tust!«

Wenn Sie sich nur einige Zeit konsequent von morgens bis abends bemühen, sich an dieses Stichwort zu halten, dann werden Sie bald merken, was es Ihnen bringt: Wie Sie aus der üblichen Zerrissenheit, dem Hin- und Hergezogensein, herauskommen; wie Ihnen innere Ruhe und echtes Gleichgewicht zuwachsen; wie Sie an Stabilität gewinnen, gerade in kritischen Augenblicken. Eine zuvor ungeahnte Geschlossenheit Ihrer Persönlichkeit wird der Lohn der Mühe sein. Eine Geschlossenheit, die nicht nur Sie selbst in hundert Situationen verspüren. Eine Geschlossenheit, die auch Ihrer Umgebung bald bewußt werden wird. Und ganz andere Wirkungsmöglichkeiten in jeglicher Hinsicht und in einer menschlich ungleich tiefergreifenden Dimension werden sich Ihnen auftun! - Soweit dieser in seiner Bedeutung kaum zu überschätzende Lehrsatz der Lebensführung: »Tue, was du tust!«

Zurück zu unseren grundsätzlichen Betrachtungen am Ende dieses Buches: Was ist zu tun? Mein Bestreben ist es, dass Sie durch die Ausführungen in diesem Buch in die Lage versetzen werden, Ihren eigen Weg, unter den vielen inzwischen auf dem Markt angebotenen Möglichkeiten zu finden, um in Ihr ganz persönliches Gleichgewicht zu kommen und zu dort zu bleiben. Je mehr Sie in dem oben beschriebenen Sinn auch Ihren Alltag als ständige Übung sehen, um so rascher werden Sie die anfängliche »offizielle« Übungszeit von 20 bis 30 Minuten am Tag reduzieren können. Lassen Sie sich dabei durch vermeintlich tote Phasen nicht irremachen! Auch wenn nichts zu geschehen scheint, geschieht in Wahrheit im Verborgenen doch viel. »Tote« Phasen sind wichtig: In ihnen bereitet sich der Sprung vor, den Sie dann eines Tages machen. Es ist eben ein langer Weg, bis man das abbaut, was sich in vielen Jahren an Verspannungen aufgebaut hat bzw. bis man die Kraft, die sich in Jahren zu sehr gelöst hat, wieder sammelt und spannt. Wer aber den Mut hat, sich auf diesen »langen« Weg zu begeben, wird rasch die Etappen merken, die er hinter sich läßt. Weil er die Fortschritte nur zu deutlich an sich verspürt und weil ihm daraus die Kraft zufließt, den Weg ständig weiterzugehen.

Wenn man sich jahrzehntelang mit dem so schwierigen Problem der Persönlichkeitsausbildung herumgeschlagen hat, dann weiß man, welche - für den Laien zunächst ungeahnte - Möglichkeiten zur Gesundung und Entfaltung der individuellen Persönlichkeit uns hier geboten werden. Schon seit Jahrtausenden nützen die Menschen in Asien die Erkenntnisse der Spannungslehre und die Meditation für sich aus, zu ihrem höchsten Gewinn. Sie wissen warum. Ist unsere Einstellung von der ihren in mancher Hinsicht auch recht verschieden, so können wir doch viel davon lernen - gerade in der Lage, in der wir uns heute befinden. Vielleicht ist es nicht zuviel gesagt, wenn man geradezu vom Aufbrechen einer neuen Denkweise über die Situation des heutigen Menschen spricht. Denn er hat auch im Zeitalter der Massen eine echte Chance, sein Leben wirklich zu leben und - nicht bloß »gelebt zu werden«.

Der große amerikanische Psychologe William James schrieb vor über hundert Jahren: »Verglichen mit dem, was wir sein sollten und sein könnten, sind wir alle nur halbwach. Nur von einem kleinen Teil der in uns liegenden Möglichkeiten machen wir Gebrauch.« Hier liegt die Hilfe vor uns, den Zustand der vollen Wachheit zu erreichen und diese unsere schlummernden Kräfte und Fähigkeiten für unser tägliches Leben zu erschließen.

Dieses Buch ist kein Buch über Ethik oder Moral. Als aufmerksamem Leser wird Ihnen indessen nicht entgangen sein, wie wir immer wieder in enge Nachbarschaft dazu gerieten. Das ist kein Zufall. Mit den die Tiefe der Persönlichkeit erfassenden Hilfsmitteln in die einzig gesunde Spannungsbalance kommen zu wollen verlangt ethisch einwandfreie Haltung und absolut sauberes, faires Denken. Wiederkehrende Spannungen zwischen den vielfältigen menschlichen Regungen und der großartigen Gelassenheit des ausgewogenen Menschen sind bei der Natur des homo sapiens und des homo faber fast selbstverständlich. Wie könnten wir in ihnen bestehen, wie könnten wir unsere zwischenmenschlichen Beziehungen fruchtbar gestalten, wie könnten wir unsere Persönlichkeit zu höherer innerer und äußerer Wirksamkeit bringen ohne die ständige aufrichtige Bemühung um das unbestechlich saubere Denken und das durch und durch faire Handeln? Es wäre doch wahrhaftig ein Widerspruch in sich selbst, und all unser Mühen müßte am Ende vergeblich bleiben.

Abschließend sei gesagt: Wir leben in dieser Welt. Mit allen ihren Licht- und Schattenseiten; mit ihren Problemen und Schwierigkeiten müssen wir fertig werden. Weder eine ins Uferlose gehende Beschäftigung mit uns selbst noch eine ins Uferlose gehende Meditation kann uns dabei helfen. Wer sich da hineinflüchtet, weicht seiner Welt und sich selbst doch nur aus. Es wird ihm zur Entschuldigung dafür, daß er an seinen Problemen in Wahrheit vorbeiläuft. Wir müssen das Hier und Jetzt unserer Welt bestehen. Das können wir voll und ganz nur dann, wenn wir uns im echten Spannungsausgleich befinden, wenn wir im Lot, in unserer Mitte sind: im rechten Augenblick voll hochgespannter Aktivität und dann wieder voll entspannt und innerlich ganz frei sein! Dann können wir uns dieser unserer Welt getrost stellen.

Epiktet, Sklave am Hof des römischen Kaisers Nero, und dann als freigelassener berühmt gewordener Philosoph, sagt so treffend: »Es ist die eigene Schuld des Menschen, wenn er nicht glücklich ist.« So viele Menschen sind unglücklich, weil sie sich für unglücklich halten. Und weil sie meinen, das Glück müsse von außen kommen, und immer nur darauf warten. Wer könnte ihnen helfen, wenn nicht sie selbst?

Literaturverzeichnis

Ägyptisches Totenbuch. Weilheim 1970

Albrecht, C: Psychologie des mystischen Bewußtseins. Bremen 1951

- Das mystische Erkennen. Bremen 1953

Albrecht, Erika: Im ewigen Jetzt. Freiburg 1975

Alexander, Franz: Psychosomatische Medizin. Berlin 1951

Andreas, Peter, und Kilian, Caspar: Die Phantastische Wissenschaft. Düsseldorf 1973

Aurobindo, Sri: Der integrale Yoga. Hamburg 1957

- Stufen der Vollendung. Weilheim 1974

- Das Abenteuer des Bewußtseins. Weilheim 1973

Avalon, Arthur: Die Schlangenkraft. Die Entfaltung schöpferischer Kräfte im Menschen. Weilheim 1961

Baden, H.J.: Das Schweigen. Gütersloh 1952

Balint, Alice: Psychoanalyse der frühen Lebensjahre. München 1966

Baudouin, Ch.: Psychoanalyse des religiösen Symbols. Würzburg 1962

Berne, Fric: Spiele der Erwachsenen. Hamburg 1967

Bitter, W: Meditation in Religion und Psychotherapie. Stuttgart 1973

- Der Verlust der Seele. Freiburg 1969 322

- Magie und Wunder in der Heilkunde. Stuttgart 1959

Bräutigam, Walter, und Christian, Paul: Psychosomatische Medizin. Stuttgart 1973

Churtis, Howard J.: Das Altern. Die biologischen Vorgänge. Stuttgart 1968

Feldenkrais, Moshe: Der aufrechte Gang. Frankfurt 1968

Fisch, Guido: Akupunktur. Stuttgart 1973

Fromm, Erich: Die Kunst des Liebens. Frankfurt 1975

Gebser, Jean (Hrsg.): Die Welt in neuer Sicht. Weilheim 1957

Hanssen, O., und Deichgräber, R.: Leben heißt sehen. Göttingen 1968

Happich, C: Anleitung zur Meditation, 3. Auflage. Darmstadt 1948

Harris, Thomas A.: Ich bin o.k., Du bist o.k. Hamburg 1973

Hasenfuß, J.: Soziologismus und Existenzialismus als Religionsersatz. Aschaffenburg 1965

Hippius, Maria (Hrsg.): Transzendenz als Erfahrung. Weilheim 1966

Hörgel, Ch.: Wesen und Weisen der Religion. München 1969

Hofstätter, Peter R. (Hrsg.): Psychologie. Frankfurt 1957

Jacobs, H.: Indische Weisheit und westliche Psychotherapie. München 1965

James, William: The Principles of Psychology. London 1890

Johnston, William: Silent Music - The Science of Meditation, 2. Auflage. London 1975

Jung, C. G.: Bewußtes und Unbewußtes. Frankfurt 1972

- Psychologie und Erziehung. Zürich 1946

Kaufmann, Harry: Die Erforschung menschlichen Verhaltens. Stuttgart 1970

- Klages, Ludwig: Die Grundlagen der Charakterkunde, 7. u. 8. Auflage. Leipzig 1936
- Vorschule der Charakterkunde, 3. Auflage. Leipzig 1942
- Vom Wesen des Rhythmus, 2. Auflage. Zürich 1944
- Handschrift und Charakter, 19. u. 20. Auflage. Leipzig 1941
Koesder, A.: Von Heiligen und Automaten. Bern 1961
Krutoff, Leo: Nie zu alt, um jung zu sein. München 1968
Lasalle, Enomiya: Zen-Weg zur Erleuchtung. Wien 1960
-Zen-Meditation für Christen. Weilheim 1969
- Meditation als Weg zur Gotteserfahrung. Köln 1972
- Zen-Buddhismus.Köln 1966
Lersch, Philipp: Der Aufbau des Charakters, 2. Auflage. Leipzig 1942
- Vom Wesen der Geschlechter. München/Basel 1950
Löbsack, Theo: Die unheimlichen Möglichkeiten oder Die manipulierte Seele. Düsseldorf 1967
Lorenz, Konrad: Das sogenannte Böse. Wien 1963
Lotz, E.: Der Weg nach innen. Berlin 1933
Maslow, Abraham H.: Psychologie des Seins. München 1982
Mitscherlich, Alexander: Krankheit als Konflikt. Studien zur psychosomatischen Medizin. Frankfurt 1967
- Versuch, die Welt besser zu bestehen. Frankfurt 1970
Monod, Jacques: Zufall und Notwendigkeit. München 1971
Montagu, Ashley: Körperkontakt. Stuttgart 1974

Moser, Tilmann: Lehrjahre auf der Couch. Frankfurt 1974

Mulford, Prentice: Unfug des Lebens und des Sterbens. Stuttgart 1955

Müller-Elmau, Bernhard: Kräfte aus der Stille. Düsseldorf 1977

O'Brien, Käte: Therese von Avila. Heidelberg 1954

Ohsawa, G.: Ouspensky, P. D.: Vom inneren Wachstum des Menschen. Weilheim 1965

- Auf der Suche nach dem Wunderbaren. Weilheim 1978

Pawlow, I.: Die bedingten Reflexe. Berlin 1953

Ryborz, Heinz: Entspannt durch Bewußtseinstraining. Düsseldorf 1973

Schaya, Leo: Ursprung und Ziel des Menschen. Weilheim 1972

Schettler, Gotthard: Der Mensch und seine Jahre. Berlin 1971

Schmidbauer, Wolfgang: Sensitivitätstraining und analytische Gruppendynamik. München 1973

Schneider, K.: Zur Einführung in die Religionspsychopathologie. Tübingen 1928

Schuon, Fridtjof: Das Ewige im Vergänglichen. Weilheim 1970

Schure, Edouard: Die großen Eingeweihten. Leipzig 1938

Schutz, William C: Freude. Hamburg 1971

Selye, Hans: Streß-Bewältigung und Lebensgewinn. München 1988

Selye, Hans u. Kerner, Fred: Streß bedroht unser Herz. München 1974

Stählin, W: Vom Sinn des Leibes, 2. Auflage. Stuttgart 1934

- Anruf und Besinnung, München 1963

Stangl, Anton: Die Sprache des Körpers. Düsseldorf 1977

Stangl, Marie-Luise: Jede Minute sinnvoll leben. Düsseldorf 1976

Steiner, R.: Wie erlangt man Erkenntnisse der höheren Welten, 2. Auflage. Dornach 1963

Stokvis, Berthold, und Wiesenhütter, Eckart: Der Mensch in der Entspannung, 3. Auflage. Stuttgart 1971

Strauss-Kloebe, Sigrid: Kosmische Bedingtheit der Psyche. Weilheim 1968

The Cloud of Unknowing (Verfasser unbekannt). Penguin Books 1973

Thomas, Klaus, und Feger, H.: Einführung in die Psychologie. Frankfurt 1972

Frederic: Phänomen Streß. München 1978

Wallace: Physiologische Wirkungen der transzendentalen Meditation. (SIMS-Schriftenversand) Stuttgart Watts,

Weil, Andrew: Das erweiterte Bewußtsein, 2. Auflage. Stuttgart 1995

Wiesenhütter, Eckart: Blick nach drüben. Bielefeld 1974

Wunderli, Jürg: Moderne Psychosomatik. München 1970